EDITORIAL

> Liebe Leserin, lieber Leser,

mit diesem Low Budget Führer können Sie Ihren Hamburg-Besuch so richtig genießen: jede Menge Spaß haben und gleichzeitig sparen, mit kleinem Geldbeutel großartige Dinge erleben, Schnäppchen machen und tolle Erfahrungen mit nach Hause nehmen. Die Metropole im Norden bietet dem preisbewussten Reisenden (und natürlich auch Einheimischen) endlose Möglichkeiten, ohne großes Budget viel zu unternehmen. Es gibt gute Unterkünfte für kleines Geld, auch praktisch in Laufweite zu Hamburgs Attraktionen gelegen. Museen bieten oft ermäßigten oder kostenlosen Eintritt, Sie können gratis Livemusik hören oder mit Ihrem U-Bahn-Ticket per Fähre den Hafen erkunden. Preiswerte Shopping-Adressen, Kinder-Freizeitvergnügen zum Nulltarif, die schönsten Blicke über die Stadt ohne Eintrittsgebühr, den guten und günstigen Mittagstisch und sogar einen Hauch Luxus für überschaubares Geld – all das gibt es in Hamburg und noch viel mehr. Unsere Autoren verraten, wann, wie und wo Sie die Stadt zum Low Budget Tarif genießen können.

Viel Spaß beim Entdecken!
wünscht Ihnen Ihr MARCO POLO-Team

SYMBOLE:

Insider Tipp **MARCO POLO INSIDER-TIPPS**
Von unserer Autorin für Sie entdeckt

KOSTENLOS
Hier zahlen Sie keinen Cent!

INHALT

CLEVER!
Sparfüchse aufgepasst! Mit diesen Tipps und Tricks können Sie zusätzlich Geld sparen oder etwas Besonderes erleben

LUXUS LOW BUDGET
Edles echt günstig! Ob Hotel-Suite, Gourmet-Lunch oder Designer-Outfit. Gehen Sie mit uns auf Schnäppchenjagd

TOP 10

> Dieser Band gibt jede Menge Tipps zum Sparen. Einige liegen unseren Autoren besonders am Herzen und sind daher als Insider-Tipp markiert – die zehn besten finden Sie hier

Insider Tipp

DER VENEZIANISCHE KARNEVAL [149 D2/3]

Im grauen Februar wartet Hamburg an den Alsterarkaden mit farbenfrohem Maskenzauber auf. Wer den Ball auslässt, genießt nordisches Venedig-Flair ganz kostenfrei *(S. 19)*

Insider Tipp

DIALOG IM DUNKELN [131 E4]

Hamburg-Sightseeing mit anderen Sinnen: Mit Stock und Augenbinde geht es unter kundiger Führung eines blinden Guides durch nachgestellte Alltagssituationen. Kurze Touren zum günstigeren Preis *(S. 25)*

Insider Tipp

DOCKLAND [147 E5]

Steigen Sie Hamburg aufs Dach – das spektakuläre Dockland-Haus, entworfen von Star-Architekt Hadi Teherani, bietet grandiosen Weitblick über Fischereihafen und Elbufer – natürlich kostenfrei *(S. 38)*

Insider Tipp

GLANZ & GLORIA [148 A4]

Die stilvolle Bar des Schmidts Tivoli wird donnerstags ab 21 Uhr zum souligen Tanztempel beim Swing-Kiez, dann kann jedermann das Tanzbein schwingen. Was kaum jemand weiß: der Eintritt ist frei *(S. 83)*

Insider Tipp

GOLDBEKUFER WOCHENMARKT [141 E2]

Einer der besten Hamburger Wochenmärkte liegt direkt am Goldbekkanal. Neben frischem Obst und selbstgemachter Pasta gibt es hier

DIE BESTEN LOW BUDGET TIPPS

feine Tees als leckere – und preiswerte – Mitbringsel *(S. 72)*

Insider Tipp **HAMBURGS KLEINSTES KAUFHAUS** [147 D3]

Im trubeligen Ottensen bietet das kl einste Kaufhaus Hamburgs ein Sammelsurium aus feinen und kuriosen Dingen der 70er Jahre. Die niedrigen Preise und nette Bedienung m achen einfach Spaß *(S. 77)*

Insider Tipp **HAMBURGER HAFENKONZERT**

Wer schnell ist, geht mit auf Sendung: Im ältesten Radiokonzert der Welt können Sie bei den Aufzeichnungen des NDR-Hafenkonzerts mit dabei sein – die kostenlosen Karten sind aber früh vergriffen *(S. 28)*

Insider Tipp **KASTANIEN-HOTEL** [148 A4]

Nachtruhe für sittsame Nostalgiker: In diesem Hostel mit Freudenhaus-Vergangenheit lässt es sich phantasievoll für wenig Geld schlummern – roter Samtplüsch und Handschellen inklusive *(S. 107)*

Insider Tipp **QUEEN CALAVERA** [148 A4]

Die Burlesque-Show garantiert viel Vergnügen in knisternder Atmosphäre: Charmante Damen lassen im Stil der 1930er-Jahre die Hüllen fallen – eine reizvolle und sehr preiswerte Darbietung *(S. 91)*

Insider Tipp **ZOOLOGISCHES MUSEUM DER UNIVERSITÄT HAMBURG** [140 B5]

Kostenlose Reise ins tierische Wunderland: Ein Wiedersehen mit Walross Antje, dem ehemaligen NDR-Maskottchen, und einer beeindruckenden Anzahl von weiteren zoologischen Präparaten in einer faszinierenden Ausstellung. Nicht verpassen *(S. 120)*

> Viele Wege führen preiswert nach Hamburg, und man kommt gut und günstig quer durch die Stadt!

Wow – was für ein Anblick. Egal, auf welche Art Sie nach Hamburg reisen, der erste Eindruck ist meist überwältigend. Z. B. bei Anfahrt mit der Bahn aus Richtung Süden: Da geht es über die mächtigen Elbbrücken direkt an der neuen HafenCity samt ihrer futuristischen Bauten vorbei, mit Blick auf die wunderschöne Skyline der Stadt und ihre markanten Kirchtürme. Oder Sie kommen per Auto auf der A7 von Hannover und wollen den Elbtunnel durchqueren: da sehen Sie Container, Schiffe und Hafen, und wenn dann vorm großen Tunnel mal wieder Stau ist, haben Sie Zeit, alles in Ruhe zu bewundern. Einmal angekommen, werden Sie sehr schnell merken: Hamburg zu entdecken ist ein einfacher und oft preiswerter Spaß. Mit den knallroten Stadträdern z. B., den vielen Hafenfähren, per engmaschigem U-Bahn-Netz oder ganz einfach zu Fuß – die Innenstadt lässt sich per Pedes genauso bequem erkunden wie Hafen, Alster- und Elbufer. Ideen für die etwas ausgefallenere Tour gibt es viele; Hamburger, die Ihnen ihre Metropole aus einem anderen Blickwinkel zeigen können, sicherlich auch. Motto: die Hansestadt hat 1001 schöne Ecken zum Entdecken – darum nix wie hin!

START IN DIE STADT

DIE ERSTE TAT

Ganz klar: Wer zum ersten Mal in seinem Leben in die Hansestadt kommt, gehört zunächst mal direkt an den Hafen. Oder besser noch gleich richtig aufs Wasser drauf! Einen supertollen ersten Eindruck verschafft die Fahrt mit einer Hafenfähre der HADAG und einen günstigen dazu, denn da gilt auch Ihr HVV-Ticket! Sie fahren mit der U3 bis zur Haltestelle Baumwall und genießen schon mal den Wahnsinns-Blick vom Viadukt auf den Hafen. Über die Brücke geht es blitzfix zur Anlegestelle Sandtorhöft, direkt gegenüber von Hamburgs berühmtester Baustelle, der Elbphilharmonie. Hier nehmen Sie die Fährlinie 62 *(tgl. alle 15 Min.)* Richtung Landungsbrücken und fahren drei Stationen bis zur Anlegestelle Dockland. Dort steigen Sie Hamburgs spektakulärstem Bürogebäude, dem Dockland, aufs Dach **Insider Tipp** *(tgl. ca. 14 bis 22 Uhr, im Winter evtl. witterungsbedingt geschlossen)* und haben einen tollen Rundumblick hoch über der Elbe, das Gesicht im Wind. Zurück geht es wieder mit der Fähre. Mit dem 9-Uhr-Tagesticket des HVV kostet Sie das Ganze schlappe 5,80 Euro. Und Sie haben schon mal eine gute Prise Hamburg erschnuppert. *Infos HADAG: Tel. 3 11 70 70 | www.hadag.de*

ANREISE

AM BESTEN MIT DER BAHN

Der Hauptbahnhof liegt mitten in der City, und mit dem Sparpreis-Ticket

der Bahn fahren Sie bereits ab 29 Euro per ICE aus vielen deutschen Städten nach Hamburg. Weitere günstige Angebote, zum Beispiel Freizeit- oder Ostsee-Ticket, Familien-Rabatt und mehr finden Sie online auf der Website der Bahn (*www.bahn.de*). Sparfüchse aufgepasst: Hamburg Tourismus bietet unter dem Titel „Exklusives ist inklusive" das Pauschalangebot „Bahnhit Hamburg" an. Hier ist bei der Buchung von mindestens drei Nächten in einem Hamburger Hotel nicht nur eine Hamburg-Card, sondern auch die Bahnfahrt im ICE enthalten. Allerdings: Das Angebot gilt immer nur in bestimmten Zeiträumen im Jahr – und die liegen nicht unbedingt stets in der Hauptsaison. *Weitere Infos unter www.hamburg-tourism.de, Tel. 30 05 13 00*

BILLIGFLÜGE

Wenn es von weiter her mal besonders schnell gehen muss, bleibt nur der Flieger. Hamburg wird von verschiedenen Low-Cost-Airlines angesteuert, darunter Air Berlin, Condor, Easy Jet, Tuifly u.a. *(Tel. 50 07 50, www.airport.de)*, Tickets sind schon ab ca. 25 Euro zu haben. Für sagenhaft günstige 12 Euro geht es derzeit an bestimmten Tagen per Ryanair *(www.ryanair.com)* von Städten wie Budapest oder Stockholm aus zum kleinen Flugplatz Lübeck-Blankensee, für die rund 70 Kilometer nach Hamburg (ca. 65 Min.) muss man noch 10 Euro für den Shuttle-Bus hinzurechnen. Günstig vom und zum großen Hamburger Airport fahren Sie mit der S 1 (direkt ab Terminal 1 und 2), eine Fahrt in die Innenstadt kostet 2,85 Euro und dauert in etwa 20 Min. Das Taxi braucht eher länger und kostet kaum unter 20 Euro, zur Rushhour auch mehr.

GÜNSTIG PER BUS

Auch per Bus geht es billig nach Hamburg, z. B. fährt von der Hauptstadt aus täglich der Berlin-Linienservice, mit dem Sie zu bestimmten Zeiten für 9 Euro in die Hansestadt kommen; hin- und zurück gibt es die Karte ab 18 Euro *(Tel. 030 3 51 95 20, www.berlinlinienbus.de)*. Ein Superschnäppchen gibt es beim Linienbus der Firma Touring: Für online-Frühbucher z. B. ist sogar die Strecke Heidelberg–Hamburg schon ab unschlagbar günstigen 9 Euro zu haben *(www.touring.de)*.

Bild: Erstes Ziel – Hamburgs Herz schlägt an Hafen und Elbe

UND NATÜRLICH PER AUTO

Über die Autobahnen A1, A7, A23 und A24 ist Hamburg aus allen Himmelsrichtungen problemlos per Auto erreichbar. Für Kurzbesucher oder Gäste mit Unterkunft in der Innenstadt ohne eigenen Stellplatz allerdings gilt: Parkraum in der City ist rar und teuer, das preiswerte Parkhaus ein Wunschtraum und die Polizei freigiebig mit Knöllchen. Alternative: Das Auto auf einem der Park+Ride-Plätze etwas außerhalb abstellen und per Bahn ins Zentrum fahren – das Parken kostet dort gar nichts, und im Bereich der HVV gibt es nicht weniger als 123 P+R-Anlagen mit mehr als 23 000 Stellplätzen! *Infos rund um die Uhr: Tel. 194 49*

IN HAMBURG UNTERWEGS

EINFACH PER HVV

In dieser Stadt gut herumkommen ist kinderleicht: Zwischen Hafen und Alster geht alles bestens zu Fuß, zudem bietet der Hamburger Verkehrsverbund (HVV) ein dichtes Netz von Bussen, U-Bahnen und S-Bahn-Linien, dazu sogar einige Hafenfähren (siehe oben). Mit einem Ticket können Sie problemlos zwischen den verschiedenen Verkehrsmitteln hin- und herwechseln. Allerdings zählt der HVV nicht gerade zu den günstigen Anbietern der Republik, das billigste Kurzstreckenticket kostet 1,40 Euro, eine normale Fahrt von ca. 20 Minuten mit Umsteigen schon 2,95 Euro! Es gibt aber Möglichkeiten zum Sparen: Ab zwei Personen lohnt oft schon eine Gruppentageskarte (ab 10,40 Euro); Tageskarten, die nur außerhalb der Rushhour gelten, sind günstiger (ab 5,80 Euro). *Tel. für Fahrzeiten etc.: 194 49 | www.hvv.de*

Insider Tipp

HAMBURG CARD

Wenn Sie sich gerne viel ansehen und viel herumfahren, dann ist die Hamburg Card auf jeden Fall ein guter Tipp. Zur freien Fahrt mit Bussen und Bahnen kommen Rabatte für mehr als 150 Sehenswürdigkeiten und Attraktionen hinzu, es gibt Vergünstigungen bei Rundfahrten, in Theatern, Restaurants und Geschäften. Achtung: Nicht bei allen Einrichtungen steht das auch draußen an der Tür, nachfragen lohnt immer! Pro Tag und Person kostet die Hamburg Card 8,90 Euro. Es gibt auch noch eine Plus-Region-Variante für 20,90 Euro pro Tag. Damit können Sie dann so hübsche Dinge wie das Fledermauszentrum Bad Segeberg besuchen und/oder bis nach Lüneburg fahren. Die Karten gibt es auch für drei bzw. fünf Tage, Gruppen bekommen eine Ermäßigung. *Zu kaufen an allen HVV-Verkaufsstellen oder online unter www.hamburg-tourism.de | Tel. 30 05 13 00*

HAMBURG REISEN

Dieser dicke bunte Katalog des Hamburg Tourismus ist ein reichhaltiger Fundus für Schnäppchenjäger. Viele Hotels lassen sich über Hamburg Reisen günstig buchen; hinzu kommen Pauschalangebote, die auch den Besuch eines Musicals oder eine Schifffahrt beinhalten. Preisbeispiel: Hotelübernachtung inkl. Musicalbesuch und verschiedener Extras wie Hamburg Card, Rabatt in Restaurants etc. Schlemmerrabatt etc. ab 119 Euro pro Person. Sie können den Katalog telefonisch bestellen oder online ansehen *(Tel. 30 05 13 00, www.hamburg-tourism.de)*. Die Buchung kann auch in jedem TUI-Reisebüro erfolgen.

STADTRAD HAMBURG

Eine tolle Idee: Über die ganze Innenstadt verteilt finden Sie die markanten Stationen von Stadtrad-Hamburg. Das Ganze ist eine Kooperation zwischen der Umweltbehörde und der Deutschen Bahn, die ihr aus anderen Städten bekanntes Fahrradleihsystem passend auf die Hansestadt zugeschnitten hat. Wenn Sie schon ein Call-a-Bike-Kunde aus Berlin, Frankfurt oder München sind, dann können Sie auch in Hamburg sofort mitradeln. Neukunden müssen sich über die Station oder vorher im Internet mit ihrer EC- oder Kreditkarte anmelden. Für alle gilt: Die erste halbe Stunde ist umsonst; von der 31. bis zur 60. Minute zahlen Sie 4 Cent pro Minute, dann 8 Cent, für 12 Euro haben Sie das Rad den ganzen Tag (Vergünstigungen für Bahncard und HVV-Monatskarten-Inhaber). Die knallroten Räder sind ein Hit: An sonnigen Wochenenden radelt die halbe Stadt um die Alster. Kein Wunder, bei so einem Klasse-Angebot. *Informationen Tel. 82 21 88 100 | http://stadtrad.hamburg.de*

INTERNET-ZUGANG

Wer seinen Lieben zu Hause die heile Ankunft in Hamburg schnell mal mailen oder einfach nur die Wettervorhersage abfragen will, findet natürlich Onlineshops ohne Ende in Hamburg. Einige sind besonders zentral gelegen, z. B. das Gamespot Internetcafé nahe der U-Bahnhaltestelle Schlump *(tgl. 10–4 Uhr, Kleiner Schäferkamp 24, Tel. 36 11 13 72, gamespot-internetcafe.de)*, in dem Sie in der Happy Hour jeden Tag von 10 bis 19 Uhr 50 Cent für 15 Minuten zahlen (restliche Zeit 50 Cent/10 Min.). Surfen (50 Cent für 30 Min.) können Sie auch im Lern- und Informationszentrum (LIZ) im 3. Stock der Zentralbücherei am Hühnerposten, auch am Hauptbahnhof. Auf der zweiten Ebene liegen Tageszeitungen zum Lesen aus *(Mo 14–19, Di–Fr 11–19, Sa 11–16 Uhr, Tel. 42 60 62 15)*. Kostenlos per WLAN mit eigenem Laptop oder Tablet-PC kommt man an vielen Hotspots ins Netz, vom „Alex am Jungfernstieg" bis zur „Sushi Factory Grindelhof" *(www.hotspot-locations.de)*.

RABATT UND GUTSCHEINE

Zweimal bestellen und nur einmal bezahlen: Wer sich gleich bei Ankunft in der Hansestadt mit einem der vielen erhältlichen Gutscheinhefte ausrüstet, kann in zahlreichen Restaurants oder auch im Freizeitbereich eine Menge Geld sparen. Rabattbücher wie der „Schlemmerblock" (99 Gutscheine, 24,90 Euro) oder Luups Hamburg („2 für 1"-Gutscheine für Restaurants und Kultureinrichtungen, 16,90 Euro) können eine lohnende Investition sein.

INFORMATIONEN

HAMBURG TOURISMUS

Tel. für alle Informationen 040 30 05 13 00 | www.hamburg-tourism.de

TOURIST INFORMATION IM HAUPTBAHNHOF

Hauptausgang Kirchenallee | Mo–Sa 9–19, So 10–18 Uhr | U- und S-Bahn Hauptbahnhof

TOURIST INFORMATION AM HAFEN

St. Pauli Landungsbrücken | zwischen Brücke 4 und 5 | So–Mi 9–18, Do–Sa 9–19 Uhr | U- und S-Bahn Landungsbrücken

TOURIST INFORMATION AIRPORT OFFICE

Airport Plaza zwischen Terminal 1 und 2, tgl. 6–23 Uhr | S1 Airport

TELEFONIEREN:

Hamburg hat die Vorwahl 040.

TOP 10

> Das sollten Sie nicht verpassen! Auch wenn der Eintritt nicht immer den Geldbeutel schont – diese Sehenswürdigkeiten gehören zu Hamburg einfach dazu. Schauen Sie selbst

1 ALSTER

Populärer Wassermarsch inmitten der Stadt: Die Alster ist genau genommen ein Fluss – die Hamburger meinen aber meist die beiden Stadtseen Außen- und Binnenalster. Und gehen hier zu allen Tageszeiten spazieren, segeln, joggen oder einfach schöne Hausfassaden bewundern.

2 BLANKENESE [144 A2]

In diesem charmanten Vorort erwarten Sie grandiose Elbblicke – wenn genug Puste vorhanden ist: zahlreiche Treppen verbinden die romantisch verwinkelten Gassen über einen Höhenunterschied von immerhin 75 Meter. Lohn der Kraxelei ist der Biergarten auf dem Gipfel des Süllbergs. *Blankenese*

3 KUNSTHALLE [131 E2]

Alte Meister und klassische Moderne – in der renommierten Kunsthalle locken Werke von Meister Bertram, Kandinsky und Picasso sowie hochkarätige Ausstellungen zu Künstlern wie Giacometti. Zwischendurch dürfen Sie gern eine (Kunst-)pause im zugehörigen Café einlegen! *Di, Mi, Fr–So 10–18, Do 10–21 Uhr | Glockengießerwall | Altstadt*

4 LANDUNGSBRÜCKEN [148 B4]

Auf der mehr als 100 Jahre alten Pontonanlage herrscht geschäftiges Treiben: Fast im Minutentakt legen Hafenfähren an und ab, dazwischen der Katamaran nach Helgoland, am Kai tummeln sich-Fahrradausflügler und Hafenrundfahrtgäste. Hier befindet sich auch der nördliche Eingang zum Alten Elbtunnel. Entweder mitten ins Getümmel stürzen – oder ein paar Treppenstufen höher gemütlich von oben zuschauen. *St. Pauli*

5 MICHAELISKIRCHE [130 B3]

Von den Hamburgern liebevoll „Michel" genannt, gehört der prachtvolle Barockbau zu den wichtigsten Wahrzeichen der Stadt. Ein Besuch empfiehlt sich auch in der Krypta, der Aufstieg zum Kirchturm wird mit Top-Aussicht belohnt. Ein Erlebnis sind die Chor- und Orgelkonzerte mit toller Akustik, auch schon mal romantisch bei Kerzenschein. *Nov.–April 10–17.30, Mai–Okt. 9–19.30 Uhr | Englische Planke 1 | Neustadt*

6 ÖVELGÖNNE [146 B4]

Eine Häuserzeile als Hamburger Wochenendvergnügen? Jawohl, die pittoresken Kapitäns- und Lotsenhäuschen am Elbufer plus liebevoll restaurierte „Pötte" im Museumshafen gehören zu den Sahnehäubchen der Stadt. *Övelgönne | Othmarschen*

7 RATHAUS [131 D3]

Gold und Prunk, wohin das Auge blickt: Der Regierungssitz von Senat und Bürgerschaft repräsentiert den Stolz der nordischen Metropole. Unbedingt sehenswert: der Hygieia-Brunnen im Innenhof und der Große Festsaal. *Führungen halbstündlich Mo–Fr 10–15, Sa 10–17, So 10–16 Uhr | 3 Euro | Rathausmarkt | Altstadt*

8 REEPERBAHN

Die Rotlicht-Meile gehört in jeder Hinsicht zu den beliebtesten Amüsiervierteln. Neben den Damen des Gewerbes finden Sie hier nachts die besten Bars, Clubs und Live-Bühnen der Stadt für ausgelassenes Feiervergnügen. Tagsüber ist wenig vom Glamour zu sehen. *Reeperbahn | St. Pauli*

9 SPEICHERSTADT [131 C5–D5]

Früher Teil des Freihafens, heute begehrtes Viertel mit Hafen-Flair für Loftliebhaber: Die imposanten Backsteinbauten der alten Handelsspeicher werden noch immer von Teppich- und Gewürzhändlern genutzt. Am besten die spannende Ecke zu Fuß erkunden! *HafenCity*

10 VIEW POINT HAFENCITY [131 D5]

Hamburgs schönstes „Neubau"-Viertel ist die aufstrebende HafenCity. Vom orangefarbenen Turm „View Point" haben Sie gute Sicht auf die wachsende Skyline, auf Strandkai, Marco Polo-Terrassen und Überseequartier. *Großer Grasbrook | HafenCity*

Günstig ins Museum oder gratis eine Gänsehaut beim Wasserlichtspiel im Park? Hier steht, was wo geht

Kultur in Hamburg ist bunt, vielfältig – und zum Glück oftmals gar nicht so teuer, wie man in Anbetracht des allgemeinen Preisgefüges befürchten mag. Für eine Handvoll Euro oder bisweilen auch vollkommen kostenlos können Sie in der Hansestadt tolle Musik hören, großes Theater genießen oder modernste Kunstobjekte bewundern. Sie können auf den Magellanterrassen unter freiem Himmel Literatur lauschen, rauschende Feste wie das Rockspektakel am Rathaus feiern und in Planten un Blomen mit dem Partner beim Wasserlichtkonzert dahinschmelzen. Als veritable Großstadt bietet Hamburg zum Glück jede Menge Events und Aktionen, die den Besuch der Kulturtempel und den Genuss großer Kunst auch für kleines Geld möglich machen, sei es bei der Langen Nacht der Museen oder beim berühmten Hamburger Filmfestival. In Foren und Stiftungen lässt sich ebenfalls kostengünstig Kultur schnuppern. Nochmal: Für viele dieser Ereignisse zahlen Sie wenig oder gar nichts, Sie müssen nur auf den folgenden Seiten nachlesen, wann und wo die günstige Musik spielt! Einen aktuellen Überblick gibt es zudem auch im Internet, etwa unter *www.kultur-hamburg.de, www.abendblatt.de, www.mopo.de*

KULTUR & EVENTS

FESTIVALS UND EVENTS

ALTONALE

Stadtteilfeste gibt es viele in Hamburg, doch keines ist so „kunstvoll" wie dieses: Ganz Altona singt, tanzt und musiziert. Außerdem werden Filme gezeigt, Lesungen und Diskussionen organisiert. Vom Enkel bis zur Oma sind alle dabei, der Eintritt ist oft frei. Höhepunkt ist das Straßenfest am letzten Wochenende der Altonale. *Eintritt oft frei | Tel. 39 80 69 70 | www.altonale.de | Bus und S-Bahn Altona | Ottensen*

ELBJAZZ [148 B1]

Leinen los für das Elbjazz-Festival in Hamburg! Hafen, Hafencity und Speicherstadt werden an zwei Tagen im Mai zur Bühne, dazu gibt es Workshops und Ausstellungen. Auch Größen wie Klaus Doldinger oder Helge Schneider stehen jedes Jahr auf dem Programm. Die Karten sind nicht unbedingt ein Schnäppchen, das hat guter Jazz so an sich, doch wer vorausplant, kommt deutlich günstiger in den Musikgenuss: Ab etwa Juli des Vorjahres sind Early-Bird-Kombitickets für beide Festivaltage online ab 45 Euro zu haben. Der Beginn des Vorverkaufs wird auf der Homepage und auf Facebook bekanntgegeben. An einigen Spielorten ist der Eintritt sogar frei. Kinder bis einschließlich 12 Jahre begleiten ihre Eltern gratis. *Eintritt frei oder ab 45 Euro für beide Festivaltage | diverse Orte im Hafengebiet | Tel. 85 38 88 50 | www.elbjazz.de*

JAZZ OPEN HAMBURG [148 B2]
Bis zu 10 000 Zuschauer kommen jedes Jahr nach Planten un Blomen zum kostenlosen Musikvergnügen in der City-Grünanlage. Immer Ende Juni findet das Jazz Open statt, es gibt mindestens fünf große Konzerte an zwei Tagen. *Eintritt frei | Infos zum Programm im Jazzbüro Hamburg | Tel. 43 25 28 70 | www.jazzbuero-hamburg.de | Konzertbühne Planten un Blomen, Eingang Rentzelstraße gegenüber Fernsehturm | Bus 35 Hamburg Messe | Neustadt*

MS DOCKVILLE-FESTIVAL [152 C3]
In Wilhelmsburg trifft sich Mitte August alles, was hip und trendy ist: Das Festival ist ein einziges riesiges Happening für Pop- und Kunstfreunde. Insider Tipp Frühbucher erhalten Rabatt; einige Kunsthappenings sind aber auch ganz kostenlos. *Eintritt teilweise kostenlos | Reiherstieg Hauptdeich/Ecke Alte Schleuse | http://msdockville.de | S 3, 31 Veddel | Wilhelmsburg*

ROCKSPEKTAKEL AM RATHAUS [131 D3]
Wie sagen es die Macher auf ihrer Homepage: Das Rockfestival ist der alljährliche Stolperstein zwischen Standard-Happenings wie Stuttgarter Weindorf und Alstervergnügen. Hamburger Rockfreunde (und nicht nur die) sind begeistert und kommen in Scharen. Bleibt zu hoffen, dass dem engagierten Team nicht die Puste ausgeht. *Eintritt frei | drei Tage im September | Rathausmarkt | www.rockspektakel.de | Bus und U-Bahn Rathausmarkt | Altstadt*

SOMMERTHEATER-FESTIVAL [141 F2]
Es ist eines der schönsten Kulturfestivals der Stadt, denn das Gelände der alten Kampnagelfabrik in Barmbek konnte trotz vieler Renovierungen seinen leicht maroden Charme erhalten. Besonders deutlich wird das im August, wenn sich hier tanz- und experimentierfreudige Künstler aus Berlin, London, Buenos Aires oder New York treffen. Das Festival dauert in der Regel zweieinhalb Wochen und findet meist im August statt. *Festivalkarte 25 Euro (jede Vorstellung zum halben Preis, gilt für eine Person) | meist zweieinhalb Wochen im August | Jarrestraße 20 | Tel. 27 09 49 49 | www.kampnagel.de | Bus 172, 173 Jarrestraße | Winterhude*

KULTUR & EVENTS

Insider Tipp

VENEZIANISCHER KARNEVAL [149 D2/3]

An zwei winterlichen Februartagen, wenn Nebel über den Alsterarkaden liegt, ist Hamburg der italienischen Lagunenstadt ganz nah. Dann flanieren Menschen in venezianischen Masken mit kunstvollen blauen, roten oder goldenen Kostümen an den historischen Gebäuden vorbei und machen die Straßen zur Bühne. Ein stilvolles Spektakel, bei dem Interessierte gerne mitmachen dürfen. Der Eintritt beim öffentlichen Maskenzauber an der Alster ist gratis. *Eintritt frei | Ein Wochenende im Februar | Zwischen Alsterarkaden und Colonnaden | www.maskenzauber.de | U 1, 2, S 1, 3 Jungfernstieg | Neustadt*

KINO

ABATON [140 C5]

Das Kinosterben gehört leider auch in Hamburg zum Alltag, doch das Abaton zählt zum Glück nicht dazu. Erstklassige Filme gibt es hier, oft im OmU, dazu eine nette kleine Bar und Zuschauer, die noch mit ihrer Haribo-Tüte statt mit Popcornbechern herumknistern. Wer etwas länger in

Schönes Ambiente: Abaton-Kino neben der Uni

der Stadt weilt, für den lohnt sich die Anschaffung der Cinecard: 5,90 bzw. 6,40 Euro für eine Vorstellung (statt 7,50 bis 8 Euro), dazu Einladungen zu Premieren. *Mit Cinecard 5,90 bzw. 6,40 Euro | Allendeplatz 3 | Tel. 41 32 03 20 | www.abaton.de | Bus 4, 5 Grindelhof | Rotherbaum*

FILMFEST HAMBURG

Es ist eines der großen Filmhappenings in Deutschland und auch international längst ein Festival von Ruf. Jedes Jahr im September/Oktober darf man sich auf Neuigkeiten freuen: Filme aus allen Regionen der Welt, spannende Drehbücher, dazu Diskussionen und andere Veranstaltungen rund ums Thema. Berühmt ist auch das jeweils parallel stattfindende Kinderfilmfestival. Die schicke Festival-Lounge lag in den vergangenen Jahren direkt neben dem Abaton-Kino. Die hippe Ponybar fungierte als Treffpunkt für Fans, Stars und Journalisten. Wer sparen will, kauft sich eine Zehnerkarte (55 Euro, nur im Vorverkauf). *Karten ab 7,50, Zehnerkarte 55 Euro | Abaton, 3001, Cinemaxx, Metropolis u.a. | www.filmfesthamburg.de | Grindel, Innenstadt, Schanze, St. Georg*

Insider Tipp

FREILUFTKINOS

Hamburgs Sommernächte sind viel lauschiger als ihr Ruf und Freiluftkinos entsprechend in. Von den Filmnächten am Millerntor über Zeise Kinos Open Air bis zu Vorführungen auf dem Rathausmarkt gibt es eine große Palette an Locations und Terminen mit Filmen von Schnulze bis Kassenschlager, Eintrittspreise reichen von kostenlos bis etwa 7 Euro. *Eintritt teilweise frei | Aktuelle Infos z. B. unter www.hamburg-web.de*

ZEISE KINOS [147 D3]

Statt Zeise Kinos müsste es eigentlich Zeise Schnäppchen heißen, denn die drei (recht kleinen) Kinosäle in den Räumen einer ehemaligen Fabrik bieten dem Programmkinofreund viele Sparmöglichkeiten: Montags kostet das Ticket statt 7 bzw. 7,80 Euro nur 5,50, Dienstag ist Sneakpreview für 5 Euro inklusive einer Tüte Popcorn. *Friedensallee 7–9 | Tel. 3 90 87 70 | www.zeise.de | Bus und S-Bahn Altona | Ottensen*

LESUNG, LITERATUR, FOREN

CAFÉ LEONAR [140 C5]

Vor dem Holocaust war das Grindelviertel das lebendige Zentrum der

Bild: Lichte Hallen – Zeise Kinos in altem Gemäuer

KULTUR & EVENTS

Hamburger Juden, nun kehrt das jüdische Leben an den Grindel zurück. Das Café Leonar ist der intellektuelle Mittelpunkt. Hier gibt es nicht nur koschere Leckereien, sondern beim zugehörigen Jüdischen Salon Lesungen und Diskussionsforen. Aktuell ist das Café im Grindelhof 87 untergebracht, da an der Stammadresse im Grindelhof 59 ein Neubau entsteht. Etwa ab Januar 2014 werden Café und Salon die neuen Räumlichkeiten beziehen. Bis dahin finden die Veranstaltungen „bei Freunden“ statt, etwa in Galerien oder in der Uni.
Café Leonar | Mo–Do 8–24, Fr 8–1, Sa 9–1, So 9–22 Uhr | Grindelhof 87 | Tel. 41 35 30 11 | www.cafeleonar.de | Bus 4, 5 Grindelhof | Rotherbaum | Jüdischer Salon am Grindel | Karten ab ca. 8 Euro | Tel. 41 91 01 55 | salonamgrindel.de

DREI-ZIMMER-WOHNUNG/ TRESENLESEN **[148 A3]**
Die coole Szenebar Drei-Zimmer-Wohnung Gatzenberg lädt jeden dritten Mittwochabend im Monat zum Tresenlesen. Da gibt es im kuscheligen Ambiente einer Retro-Wohnung aus den 1970er Jahren gute Literatur von bekannten und auch weniger be-

CLEVER!

> Beim Eintritt sparen

In vielen Museen Hamburgs, etwa in der Kunsthalle oder dem Bucerius Kunst Forum, gibt es freien Eintritt für alle unter 18 – ein tolles Angebot. Viele Häuser bieten darüber hinaus günstigere Familienkarten oder Preisnachlässe zu besonderen Zeiten an. Sich vorher zu erkundigen lohnt auf jeden Fall. Wenn Sie öfter nach Hamburg kommen, kann sich auch die Kombikarte der Stiftung Historische Museen lohnen: Für nur 30 Euro können Sie insgesamt zehn große Häuser ein Jahr lang so oft besuchen, wie Sie wollen, die Kombikarte ist ab Kaufdatum insgesamt 12 Monate gültig *(www.museumsdienst-hamburg.de)*. Einen ganz anständigen Rabatt für Sparfüchse verspricht zudem das interessante „Kultursparpaket“ mit je 4 Gutscheinen von 250 Kultur-Locations, womit sich viele Euro sparen lassen. *www.kulturfuehrer-hamburg.de*

kannten Autoren zu hören. In den Pausen holt man sich ein Bier oder einen Kaffee und lauscht der Live-Musik. Wer mitmachen möchte, kann seine selbst geschriebenen Texte eine Woche vorher einreichen. Alle anderen machen es sich einfach auf den Sofas bequem und lauschen. *Eintritt frei | jeden 3. Mi im Monat, 21 Uhr | Talstraße 22 | Tel. 0160 90 36 15 19 | www.drei-zimmer-wohnung.de | S 1–3 Reeperbahn | St. Pauli*

KÖRBERFORUM [148 C5]

Würde es die Körberstiftung nicht geben, man müsste sie für Hamburg erfinden. Großartig, was diese private Stiftung alles auf die Beine stellt und finanziert: Es gibt Buchpräsentationen, Diskussionen über internationale Politik und Gesellschaft oder Gesprächsrunden zu aktuellen Themen. Bei den Veranstaltungen der unterschiedlichsten Art treffen Reedersgattin auf Jungmigrant, Bänker auf Hausbesetzer und wer sich dafür interessiert, wie die Hanseaten so ticken, der ist hier in der Regel goldrichtig. Ein Tipp ist beispielsweise der „Hafenlunch“ (in der Regel einmal im Monat um die Mittagszeit mit kleinem Imbiss). Melden Sie sich vorher über die Internetseite an, es ist oft sehr früh ausgebucht. *Eintritt frei | Körberforum | Kehrwieder 12 | Tel. 8 08 19 20 | www.koerber-stiftung.de | U 3 Baumwall | HafenCity*

MAGELLANTERRASSEN [149 D5]

So jung die HafenCity ist, schon gibt es Traditionen: Dazu gehören auch die schönen Lesungen und Diskussionsforen auf den Magellanterrassen an mehreren Wochenenden zwischen Juni und August. Sogar Tangotanzen können Sie hier, und das spektakuläre Ambiente gibt's gratis dazu. *Eintritt frei | Infos zu den Terminen unter www.hafencity.com | Bus 4 Magellanterrassen | HafenCity*

MATHILDE LITERATUR & CAFÉ [140 B4]

Meist einmal pro Woche treffen sich Autoren im gemütlichen Café Mathilde in Eimsbüttel, um aus ihren Werken zu lesen. Mit 5 Euro ist der Eintritt moderat. Auch die Umgebung passt perfekt: Auf Regalen stapeln sich Bücher, wer es sich tagsüber bei Milchkaffe und Kuchen (je 2,90 Euro) bequem macht oder freitagabends beim Weizenbier (dann nur 2,50 Euro), hat also reichlich Lesestoff in Griffweite. Den können Sie übrigens auch kaufen. In der Mathilde Bar in der nicht weit entfernten Bornstraße gibt's – neben vielen weiteren Veranstaltungen rund ums Thema – jeden zweiten Samstag im Monat die Hamburger Lesebühne „Längs", eine Mischung aus Literatur, Satire und Comedy. Seien Sie ruhig etwas früher da, denn in der Happy Hour (tgl. 18.30–21 Uhr) kosten die Cocktails nur 4,50 Euro.

Eintritt 5–6 Euro | Mathilde Café: Mo–Fr 11.30–24, Sa 12–20, So 12–23 Uhr u. bei Veranstaltungen | Bogenstr. 5 | Tel. 41 49 53 84 | www.mathilde-hh.de | Bus 5, 15 Bezirksamt Eimsbüttel | Mathilde Bar: tgl. ab 18.30 Uhr | Bornstr. 16 | Bus 4, 5 Grindelhof | Eimsbüttel

MUSEEN, GALERIEN, KUNST ■

ARCHÄOLOGISCHER WANDERPFAD [152 C4]

Im Freilichtmuseum durch die Jahrtausende spazieren und das zum Nulltarif: Der archäologische Wanderpfad des Helms-Museums in der Fischbeker Heide führt zu elf Bodendenkmälern aus der Eisen-, Bronze-

Moderne Kunst, erstklassige Fotografie: Deichtorhallen

und Steinzeit. Infotafeln geben Auskunft über die urgeschichtlichen Objekte, dazu gibt's auch noch jede Menge Natur und frische Luft. *Eintritt frei | Fischbeker Heideweg 43 | Tel. 42 87 13 69 3 | www.helmsmuseum. com | S 3, 31 Neugraben | Neugraben-Fischbek*

BUCERIUS KUNST FORUM [131 D3]

Die Stiftung von „Die Zeit"-Mitbegründer Gerd Bucerius trägt dieses wunderbare Haus, das schöne Wechselausstellungen zeigt, mal zu einzelnen Künstlern, mal zu einer ganzen Epoche. Die Ausstellungsräume beherbergten einst Kassen- und Schalterhalle einer Bank. Im Gegensatz zu den meisten Museen ist montags geöffnet, und dazu noch bei vergünstigtem Eintritt: 5 statt 8 Euro. Also Grund genug, den Wochenendausflug einen Tag zu verlängern. *Eintritt Mo 5 Euro | Fr–Mi 11–19, Do 11–21 Uhr | Rathausmarkt 2 | Tel. 3 60 99 60 | www.buceriuskunstforum.de | U 3 Rathaus | Altstadt*

DEICHTORHALLEN [131 F4]

Die einstigen Großmarkthallen liegen südlich vom Hauptbahnhof, der Weg führt an einigen Galerien und am Hamburger Kunstverein vorbei. Er ist zwar ein wenig ungemütlich, aber dafür viel kürzer als man denkt. Zu sehen ist nicht nur moderne Kunst, sondern vor allem erstklassige Fotografie. Tipp: Bringen Sie getrost Ihren Nachwuchs mit – zwei Erwachsene mit Kindern zahlen stets nur 14 Euro. *Eintritt 9, Familienkarte 14 Euro | Di–So 11–18, jeden 1. Do im Monat 11–21 Uhr | Deichtorstraße 1–2 | Tel. 32 10 30 | www.deichtorhallen.de | U 1 Steinstraße | Altstadt*

DEUTSCHES ZOLLMUSEUM [131 E4]

Ein echter Spartipp und ein Supererlebnis für die ganze Familie: Hier erfahren junge und alte Krimifans, was Schmuggler eigentlich den ganzen Tag so treiben – z. B. Zigarettenschachteln in Holzelefanten verstecken. Gut und günstig: Mit 2 Euro pro Person sind Sie schon drin. *Eintritt 2 Euro | Di–So 10–17 Uhr | Alter Wandrahm 16 | Tel. 42 82 03 9 11 | www.museum.zoll.de | Bus 3, 4, 6 Bei St. Annen | HafenCity*

DIALOG IM DUNKELN [131 E4] Insider Tipp

Hier können Sie am eigenen Leib erfahren, wie es sich anfühlt, wenn man nicht sehen kann. Im Stockdunkeln geht es über einen Markt, durch belebte Straßen, einen Wald und sogar in den Hafen. Sie bekommen einen Blindenstock und los geht's. Ein ganz besonderer Ort, zudem noch mitten in der historischen Speicherstadt. Führungen gibt es nur in Begleitung eines blinden Guides. Low-Budget Tipp: Di–Fr werden von 9–12.45 Uhr verkürzte Touren von 60 Minuten Dauer angeboten, dann kostet das Ticket nur 15 statt 19 Euro. *15 Euro | geöffn. Di–Fr 9–17, Sa 10–20, So 11–19 Uhr | Alter Wandrahm 4 | Tel. 3 09 63 40 | www.dialog-im-dunkeln.de | Bus 3, 4, 6 Bei St. Annen | HafenCity*

Insider Tipp

GALERIEN-SAISONSTART

Junge und etablierte Künstler, Malerei, Skulpturen und Fotografie: Die Hamburger Galerienlandschaft ist mit ihren mehr als fünfzig Kunstorten äußerst lebendig. Einen guten Einblick in die Szene bekommen Sie bei den Saisonstarts, die zwei Mal im Jahr stattfinden – im September eröffnen alle Galerien ihre Ausstellungen gemeinsam, im März viertelweise, etwa nur auf der Fleetinsel oder im Kontorhausviertel. Klar, dass

CLEVER!

> Kunst im Öffentlichen Raum

Angeblich sollen die Hamburger Pfeffersäcke ja an Kunst nicht so interessiert sein, trotzdem werden in der Hansestadt jede Menge Werke im öffentlichen Raum präsentiert. Ganz kostenlos und ohne Gedrängel können Sie hier wirklich interessante Objekte begutachten, z. B. die wunderbaren Figuren des Bildhauers Stephan Balkenhol „Vier Männer auf Bojen" auf der Alster oder „Hans Albers" von Jörg Immendorff an der Reeperbahn. Einen anständigen Überblick über die schönsten dieser Kunstwerke im ganzen Stadtraum bieten die kostenlosen Audioguides der Kulturbehörde. Von der Internetseite (*www.hamburg.de/kunstaudioguides)* können Sie sich die Führungen als MP3-File direkt herunterladen; allerdings kann das Laden, je nach Ausstattung und Leistung Ihres Computers, schon mal ziemlich lange dauern.

es dann auch viel Programm und die meisten Aktionen gibt. Das Programmheft „Galerien in Hamburg" verschafft einen guten Überblick. Der Eintritt ist frei, wer sich in ein Kunstwerk verliebt, kann das natürlich auch erwerben.
Eintritt frei | Saisonstart im März und September | www.galerien-in-hamburg.de

HAMBURGMUSEUM [130 A3]

Kriege, Brände und abrisswütige Bauherren haben von dem alten Hamburger Stadtkern kaum etwas übrig gelassen; also geht man ins Hamburgmuseum, wenn man noch ein wenig davon mitkriegen will. Der wunderschöne Ziegelbau, in den 1920er Jahren unter Aufsicht von Hamburgs damaligem Oberbaudirektor Fritz Schumacher entstanden, ist schon von außen sehenswert. Gute Zeit für Wochenendausflügler: Samstag und Sonntag erhält man von 14–15 Uhr eine kostenlose Führung, auch Familienführungen sind im Programm. *Eintritt 8 Euro | Di–Sa 10–17, So bis 18 Uhr | Holstenwall 24 | Tel. 42 8 13 21 00 | www.hamburgmuseum.de | Bus 112 Hamburgmuseum | Neustadt*

KUNSTHALLE/GALERIE DER GEGENWART/HUBERTUS WALD FORUM [131 E2]

Dies ist natürlich die Topadresse unter den Hamburger Kunsthäusern mit einer weltweit renommierten Daueraustellung aus allen Kunstepochen. Der reguläre Eintrittspreis (12 Euro) ist in keiner Weise überzogen, dazu kommen günstige Familienpreise. Besonders nett ist zudem der „Goldene Freitag": Insider Tipp Oma nimmt dann die Enkel mit und spendiert hinterher allen lecker Kaffee und Kuchen – das Gedeck für die Senioren ist nämlich schon im Preis mit drin. *Di, Mi, Fr–So 10–18, Do 10–21 Uhr | Glockengießerwall | Tel. 4 28 13 12 00 | www.hamburger-kunsthalle.de | U- und S-Bahn Hauptbahnhof | St. Georg*

LANGE NACHT DER MUSEEN

Es ist keine Hamburger Spezialität, denn auch andere Städte organisieren die Lange Nacht der Museen. Doch die Hanseaten sind überzeugt: Nirgendwo ist das Event so großartig wie in Hamburg. Fast alle Hamburger Häuser (über 40!) nehmen teil; die kostenlosen Shuttlebusse sausen hin und her und wie auf einer Riesenparty amüsieren sich die

Kunstfreunde bei Kulinarischem, Musik und Tanz. Und ein Spartipp ist das Ganze schon zum Normalpreis: Für nur 12 Euro kommt man in alle Häuser und kann den HVV nutzen. Immer im April/Mai. *12 Euro für alle Museen | Museumsdienst-Infoline: Tel. 42813 10 | www.langenachtdermuseen-hamburg.de*

MUSEUM FÜR KUNST UND GEWERBE **[131 F3]**

Neben der Kunsthalle Hamburgs zweites großes und international bedeutendes Museum, direkt neben dem Hauptbahnhof gelegen. Großartig ist die Dauerschau, ob nun zum Thema Jugendstilmöbel, chinesisches Porzellan oder Kleider aus den 1920er-Jahren. Do kostet der Eintritt ab 17 Uhr nur 5 statt der regulären 8 Euro. *Eintritt Do 5 Euro (ab 17 Uhr) | Di, Mi, Fr–So 11–18, Do 11–21 Uhr | Steintorplatz | Tel. 428134880 | www.mkg-hamburg.de | U- und S-Bahn Hauptbahnhof | St. Georg*

MUSEUM FÜR VÖLKERKUNDE **[140 C5]**

Von ägyptischen Grabbeigaben über Südsee-Masken und Bronzen aus Benin bis zum Maori-Versammlungshaus aus Neuseeland: Das Museum für Völkerkunde, untergebracht in einem ehrwürdigen Bau in Rotherbaum, präsentiert viele interessante Ausstellungsstücke aus aller Welt. Die beste Nachricht: Freitags ab 16 Uhr ist der Eintritt für alle kostenlos! *Di, Mi, Fr–So 10–18, Do 10–21 Uhr | Rothenbaumchaussee 64 | Tel. 42887 90 | www.voelkerkundemuseum.com | Schnellbus 34 Museum für Völkerkunde | Rotherbaum*

MUSIK

ENSEMBLE RESONANZ **[130 B2/3]**

Das Ensemble Resonanz ist eine engagierte Truppe, die in Hamburg ganz wundervolle kleine Konzerte, etwa in der Laeiszhalle, gibt. Die kosten natürlich auch Eintritt (ab 13 Euro). Die so genannten Hörproben, die in der Regel ein, zwei Tage vor dem offiziellen Konzerttermin stattfinden, sind dafür komplett gratis zu besuchen! *Eintritt frei | verschiedene Veranstaltungsorte | Elbphilharmonie Kulturcafé Kartentel. 35766666 | Karten ab 13 Euro | www.ensemble-resonanz.com*

HAMBURGER HAFENKONZERT

Alle echten Hamburger sind mit dieser Sendung aufgewachsen, immerhin geht es um das älteste Radiokonzert der Welt, ausgestrahlt jeden Sonntagmorgen von sechs bis acht Uhr auf der NDR Welle 90,3 UKW. Sie können auch direkt dabei sein, allerdings heißt es fix zuschlagen, denn die kostenlosen Karten sind blitzschnell ausgebucht. Die Sendung wird aufgezeichnet, z. B. im Maritimen Museum oder im Ohnsorg-Theater; ab und zu gibt es auch Livesendungen, wie beispielsweise vom Hafengeburtstag. Gespielt wird Maritimes, aber auch Ina Müller war schon da. Kurz und gut: Eine echte Show! *Eintritt frei | NDR-Ticketshop im Levantehaus | Mönckebergstraße 7 | Tel. 0180 1787980 | www.ndrticketshop.de | U3 Mönckebergstraße | Altstadt*

KIRCHENMUSIK

Hochhäuser hin, HafenCity her, Hamburgs Silhouette wird immer noch durch die Kirchtürme bestimmt. Herausragend sind die fünf Hauptkirchen: St. Michaelis, St. Katharinen, St. Jacobi, St. Petri und St. Nikolai. Für jeden Musikfreund lohnt der Blick ins Programm der hier angebotenen Konzerte, die normalerweise auch ganz normale Eintrittspreise haben. Ganz und gar kostenlos sind dagegen z. B. die wöchentliche Stunde der Kirchenmusik in St. Petri *(jeden Mi 17.15 Uhr, Mönckebergstraße, Innenstadt)* oder die Führung zur berühmten Arp-Schnitger-Orgel in St. Jacobi *(Do 12 Uhr, Jacobikirchhof 22, Innenstadt)*. Im Michel *(Englische Planke 1, Neustadt)* gibt es mittags um 12 Uhr eine Andacht mit Orgelmusik. Ebenfalls umsonst sind natürlich die sonntäglichen Gottesdienste, zu denen fast immer auch der Kirchenchor oder bekannte Solisten auftreten. Und es wird niemanden ärgern, wenn Sie hauptsächlich wegen der Musik kommen. *Eintritt frei |www.hamburg-tourism.de*

LUNCHKONZERTE LAEISZHALLE [130 B2/3]

Mittagspause mal ganz anders, etwa als schöne Unterbrechung einer Sightseeing-Tour: Im Brahmsfoyer der Laeiszhalle bieten die Hamburger Symphoniker meist einmal monatlich ein kostenloses Lunchkonzert. 30 Minuten lang gibt es Kammermusik vom Feinsten in einem wunderschönen Ambiente. Wer will, genießt einen Imbiss dazu (der ist aber nicht kostenlos!). Wer es verpasst: Die regulären Konzerte unter dem Maestro und Chefdirigent Jeffrey Tate gibt es bisweilen schon ab 9,80 Euro pro Karte. *Eintritt frei | Einmal monatlich Di 12.30–13 Uhr | Laeiszhalle | Johannes-Brahms-Platz | Hamburger Symphoniker Kartentel. (über Ticket online) | Tel. 01805 4470000 | www.hamburgersymphoniker.de | U2 Messehallen | Neustadt*

NACHT DER CHÖRE **[131 D3]**
Ein Riesenspektakel für alle Musikfans: An die 25 Chöre, vor allem aus Hamburg und dem näheren Umland, präsentieren in der St.-Petri-Kirche an der Mönckebergstraße ihr Können, etwa mit Gospel- und Popsongs. Frühes Eintreffen sichert gute Plätze! *Eintritt frei | Einmal im Jahr an einem Sonnabend im Juni/Juli | Hauptkirche St. Petri | Mönckebergstraße | Tel. 3257400 | www.kirchenmusik-hamburg.de | U3 Mönckebergstraße | Altstadt*

PLANTEN UN BLOMEN **[148 B2–C2]**
Der Musikpavillon im Herzen von Planten un Blomen bietet wunderbare Gelegenheiten zum kostenlosen Musikgenuss, im Sommer an fast jedem Wochenende. Mal tritt eine Big Band auf, mal eine Gruppe, die argentinischen Tango spielt, meist einmal im Monat mittwochs präsentiert sich sich das Polizeiorchester auf der Bühne *(Spielbeginn Mi, Sa, So in der Regel um 15 Uhr)*. Etwas ganz be-

CLEVER!

> Günstig: die 7off-Theater-Karte

Hamburg hat mehr als 40 Theaterbühnen und es kommen immer neue dazu. Darunter sind die der großen bekannten Häuser, aber eben auch viele, viele kleine. Sieben dieser individuellen Bühnen, darunter die beiden wunderbaren Häuser Fleetstreet (*Admiralitätsstraße 76, Neustadt*) und Lichthof (*Mendelssohnstraße 15b, Bahrenfeld)*, haben sich zusammengetan und bieten für 35 Euro je einen Eintritt in jedes ihrer Häuser, also nur 5 Euro pro Karte. Das Sammelticket gibt es an der Abendkasse der teilnehmenden Theater oder online. *Informationen: mail@hamburg-off.de | www.hamburg-off.de*

der
p
sonderes sind auch die Wasserlichtkonzerte *(Mai–Aug. jeden Abend ab 22 Uhr, Sept. 21 Uhr)*: Beleuchtete Fontänen tanzen im Takt von „Die Moldau" oder „Pomp and Circumstance" in den Nachthimmel, gesteuert von einer Wasserlichtorgel . An lauen Sommerabenden ein Muss für alle Liebespärchen. An einigen Abenden steht sogar zusätzlich noch eine Feuershow auf dem Programm. Absolut sehens- und hörenswert! *Eintritt frei | Mai–Ende Sept. | Musikpavillon und Parksee Eingang Rentzelstraße | Tel. 4 28 54 47 23 | www. plantenunblomen.hamburg.de | U3 Sternschanze, Bus 35 Hamburg Messe | Neustadt*

SESSION IM MASCHINENRAUM [148 B5]

Früher war das Feuerschiff als Seezeichen vor der Küste Englands unterwegs, seit 1993 liegt es nun im City Sportboothafen auf der Elbe vor Anker. Hier kann man nicht nur ausgezeichnet essen und sich gelegentlich an Kleinkunst und Literaturlesungen erfreuen, Musikfreunde kommen auch regelmäßig zu Konzerten (ca. 10 Euro) an Bord des Schiffes. Ein besonderer Genuss und dazu kostenfrei ist die Jazz Session am „Blue Monday": Jeden Montagabend treffen sich hier Musiker auf der kleinen Bühne im Maschinenraum, um zu jammen. Wer sein Instrument beherrscht, darf gerne zum guten Ton beitragen, Zuhörer machen es sich an der Bar bequem. Richtig schön maritim! *Eintritt frei | Jeden Montag ab 20.30 Uhr | Feuerschiff im City Sportboothafen am Vorsetzen | Tel. 36 25 53 | www.das-feuerschiff.de | U3 Baumwall | Neustadt*

THEATER/MUSICAL/ CABARETT

ALTONAER THEATER [147 E4]

Eigentlich ist das ganze Haus ein einziger Low Budget Tipp, denn nur wenige Theater in Hamburg bieten eine derartig breite Palette an Ermäßigungen (reguläre Preise 15–44 Euro) oder eintrittslosem Theatervergnügen. Wer nur mal ins Haus reinschnuppern will, meldet sich für den kostenlosen Probenbesuch an (meist Sa 10–13 Uhr). *Probenbesuch frei | Eintritt für Schüler und Studenten bis 27 Jahre Mittwochabend 5 Euro | Museumstraße 17 | Kartentel. 39 90 58 70 | www.altonaertheater.de | Bus und S-Bahn Altona | Altona*

STAGE ENTERTAINMENT, SYLVESTER STALLONE,
VITALI UND WLADIMIR KLITSCHKO PRÄSENTIEREN
ROCKY
DAS MUSICAL
FIGHT FROM THE HEART
WELTPREMIERE
November 2012
powered by
Stage
TICKETS HIER
oder unter www.musicals.de

FOOLSGARDEN [148 A2]

Diese Kleinkunstbühne auf der Schanze gibt es seit 1977. Hier treten Comedians, Zauberer oder Musiker auf, sie alle eint die Lust am Spielen und am öffentlichen Auftritt. Für viele war oder ist der Foolsgarden ein Sprungbrett zur professionellen Karriere. Das Ganze lebt auch von Spenden. Einmal im Monat gibt es eine „offene Bühne", meist ohne Eintritt, bei etlichen anderen Veranstaltungen legen die Künstler schon mal selbst die Eintrittspreise fest. *Eintritt oft frei | Lerchenstraße 113 | Tel. 43 65 82 | www.foolsgarden-theater.de | Bus 3 Neuer Pferdemarkt | Schanzenviertel*

MUSICALS

Hochkultur hin oder her, die meisten Gäste kommen nach Hamburg wegen der Stage-Musicals, die derzeit „Der König der Löwen", „Rocky – das Musical" und „Tarzan" heißen. Die Vorstellungen sind meist Erfolgsrenner, allerdings bei Kartenpreisen um die 60–120 Euro nicht gerade ein Schnäppchen. Aber es gibt ein paar Tipps, wie Sie diese tollen Shows zum kleineren Preis genießen können: Unter der Woche (vor allem Dienstag bis Donnerstag) ist es oft günstiger. Unter *www.kartentipp.de* gibt es zudem viele Ermäßigungen. *Eintritt Di–Do und So ab 40 Euro | Karten-Hotline: 01805 4444 | www.stage-entertainment.de*

OHNSORG-THEATER [131 F2]

Plattdütsch geht es hier zu, das wissen sogar Zuschauer in Freiburg. Denn das Ohnsorg-Theater ist seit Jahrzehnten stetiger Gast im NDR zur besten Abendzeitunterhaltung. Und das bringt nicht nur ein interessantes Event mit sich, sondern sie können auch sparen: Dreimal pro Spielzeit kommen die Fernsehtechniker und zeichnen auf, alle Karten kosten dann zwischen 14 und 17 Euro. Achtung: Die Termine stehen schon früh im Jahr fest, allerdings gibt es die Karten immer erst genau vier Wochen vor dem Termin nixt früher. Und sie sind meist sehr schnell ausverkauft. Der Normalpreis liegt unter der Woche bei 14 bis 25, am Wochenende zwischen 15 und 28 Euro. *Eintritt ab 9 Euro | Bieberhaus, Heidi-Kabel-Platz 1 | Kartentel. 35 08 03 21 | www.ohnsorg.de | U- und S-Bahn Hauptbahnhof / St. Georg*

Insider Tipp

Bild: Kerniges Vergnügen: Rocky – das Musical

POLITTBÜRO [149 E3]

Linkes Kabarett hat es nicht immer leicht, doch in der aktuellen Politik gibt es genug Ereignisse, die eine Steilvorlage für Lisa Politt und Gunter Schmidt alias „Herrchens Frauchen" sind. Zu dem hauseigenen Politkabarett im kunterbunten Viertel St. Georg gesellen sich immer wieder nette Gäste; alle treten zu recht zivilen Preisen auf. *Eintritt max. 20 Euro | Steindamm 45 | Kartentel. 28 05 54 67 | www.polittbuero.de | U1 Lohmühlenstraße | St. Georg*

SCHAUSPIELHAUS [131 F2]

Der weiße Prachtbau gegenüber vom Hauptbahnhof ist Deutschlands größtes Sprechtheater. Die fast 1200 Plätze jeden Abend zu füllen ist nicht einfach, doch mit Stücken, die von „Elektra" bis zu Aufführungen des Hamburger Trios „Studio Braun" reichen, gelingt das Kunststück. Karten fürs Haupthaus kosten ca. 9–65 Euro. Insider Tipp Ganz toll ist das Programm des Jungen Schauspielhauses, und dafür gibt es auch ein Super-Familienangebot: *Ab drei Personen zahlt ein Erwachsener für die Hauptkarte 11, alle anderen 6 Euro | Kirchenallee 39 | Kartentel. 24 87 13 | www.schauspielhaus.de | U- und S-Bahn Hauptbahnhof | St. Georg*

SCHMIDT THEATER/ SCHMIDTS TIVOLI [148 A4]

Das Schmidt und das Tivoli auf der Reeperbahn sind sicher kein Geheimtipp mehr; Stars wie Kay Ray oder der dauerausverkaufte Caveman sind bundesweit bekannt. Dienstag ist Theatertag, da gibt es Karten schon ab 13,20 Euro, z. B. für das St. Pauli Musical „Heiße Ecke" (Samstagabend 33 Euro). Die berühmt-berüchtigte Schmidt-Mitternachtsshow (Sa 24 Uhr) ist schon für rund 14 Euro zu haben – fürs Gebotene absolut günstig. Völlig gratis ist der Eintritt für die „Horst J. Gonzales Karaokeshow", Fr 23.23 Uhr, in der Hausbar des Schmidt Theaters. *Eintritt teils frei, Di ab 13,20 Euro | Spielbudenplatz 25–28 | Kartentel. 31 77 88 99 | www.tivoli.de | S1–3 Reeperbahn, U3 St. Pauli*

STAATSOPER/ HAMBURG BALLETT [130 C1]

Ein großartiges Haus mit einem tollen Programm und zwei charismatischen Superstars an der Spitze, die es in sich haben: Oper und Philharmonie, Simone Young sowie John Neumeier sind ein kongeniales Team. Und das Schönste daran: Wer sie bewundern will, muss gar nicht sooo tief in die Tasche greifen. Wirkliche Fans nehmen sich nämlich einen Stehplatz und zahlen nur 4 Euro (Fernglas nicht vergessen!); in der Opera Stabile, der angeschlossenen Werkbühne, gibt es Aufführungen für nur 10 Euro und dazu sogar noch einen Drink. Ein spannender Tipp sind auch die Hausführungen für 6 Euro (finden unregelmäßig statt). *Stehplatz 4 Euro | Große Theaterstraße 25 | Kartentel. 35 68 68 | www.staats oper-hamburg.de | U 2 Gänsemarkt | Neustadt*

THALIA THEATER [131 E2/3]

Das erste Haus am Platz: Nicht nur Klassiker werden gespielt, Intendant Joachim Lux brachte auch schon Helene Hegemanns Skandalroman „Axolotl Roadkill" auf die Bühne. Wie in so vielen Hamburger Theatern gibt es auch hier immer günstige Plätze: Für nur 7 Euro kommen Sie rein, sichtbehindert, aber bei nicht ausverkauftem Haus suchen Sie sich halt einen besseren Platz, wenn das Licht ausgeht. Für echte Fans des anspruchsvollen Theaters lohnt sich die Anschaffung der Thalia-Card für 70 Euro: Zwei Personen zahlen ein Jahr lang nur den halben Preis bei fast allen Vorstellungen. *Karten ab 7 Euro | Alstertor 1 | Kartentel. 32 81 44 44 | www.thalia-theater.de | U- und S-Bahn Jungfernstieg | Altstadt*

THEATER N. N. [139 F3] Insider Tipp

Mitten in einem Wohngebiet in Eimsbüttel liegt diese kleine Off-Bühne. Große, aufwendige Shows dürfen Sie hier nicht erwarten, die meist jungen Schauspieler haben sich zum Ziel gesetzt, mit geringem technischem Aufwand freche Interpretationen zu zeigen. Das sind meist Eigeninszenierungen, oft mit Musik, auch Gastspiele sind immer wieder zu sehen. Wer es sich in den gemütlichen Sesseln des kleinen Saals – nur 50 bis 90 Zuschauer finden hier Platz – bequem machen möchte, wählt am besten einen Donnerstag: Dann ist Theatertag und alle Karten kosten nur 9 Euro inklusive einer HVV-Fahrkarte für den Gesamtbereich! *Eintritt donnerstags 9 Euro | Hellkamp 68 | Kartentel. 38 61 66 88 | www.theater-nn-hamburg.de | U 2 Lutterothstraße | Eimsbüttel*

> Tolle Spaziergänge, coole Treffpunkte, preiswerte Feste – Sparfüchse haben in Hamburg beste Aussichten

Keine andere deutsche Großstadt ist so grün wie Hamburg, kaum eine so gut zu Fuß zu erlaufen. Wenn Sie hier „mehr“ erleben wollen, reicht manchmal ein simpler Spaziergang vollkommen aus. Frühmorgens am Elbufer in Höhe Övelgönne oder ganz einfach an den Landungsbrücken flanieren, das heißt genießen mit allen Sinnen: tutende Dampfer, tuckernde Barkassen, kreischende Möwen, alles gehüllt in ein zartes Nebelgewand – herrlich! Es gibt tolle Aussichtspunkte, von denen Sie der Hansestadt völlig kostenfrei aufs Haupt schauen dürfen, und In-Locations, wo Sie ein bisschen Subkultur schnuppern und den Tag entspannt vorbeistreichen lassen können. Wem ein Ticket fürs HSV-Spiel zu teuer ist, der kann in der Kneipe neben dem Stadion preiswert Fan-Atmosphäre genießen. Um dem Wesen der Stadt näher zu kommen, brauchen Sie eben keine teuren Eintrittskarten und auch keinen kostspieligen Reiseführer, ein bisschen Neugier und Entdeckergeist ist völlig ausreichend. Dann können Sie auch auf Menschen treffen, die Ihnen ganz persönliche Geschichten aus ihrer Stadt erzählen. Und wenn Sie dann noch wissen, wo „man“ sich trifft, na, dann gehören Sie schon beinahe dazu.

MEHR ERLEBEN

DICHTER DRAN

HAMBURGER UNTERWELTEN

Sie beherbergen einen Musikclub, werden von Bands als Proberäume und von Sportlern als Kletterwand genutzt, stehen am Hafen und auf dem Heiligengeistfeld: Die Hochbunker aus dem Zweiten Weltkrieg prägen das Bild der Stadt. Rund 700 alte Schutzbauwerke gibt es heute noch in Hamburg, mal über, mal unter der Erde. Wer sich eines von innen ansehen möchte, sollte sich einer der spannenden Touren des Vereins Hamburger Unterwelten anschließen (ab 5, ermäßigt ab 3 Euro). Die führen etwa durch den Hochbunker Henriettenstraße in Eimsbüttel, in verschiedene Anlagen in Altona oder in den dreistöckigen Tiefbunker am Steintorwall, der direkt neben dem Hauptbahnhof liegt. Sie möchten auch etwas Kultur? Kein Problem, beim Bunker Slam *(www.bunkerslam.com)* im Hochbunker Feldstraße gibt's ab 5 Euro Poesie mit dazu. *Bunkerführungen ab 5 Euro | Termine und Orte auf der Website | Tel. 20 93 38 64 | www.hamburgerunterwelten.de*

JAPANISCHES KIRSCHBLÜTENFEST VOM LOGENPLATZ

Mit einem prachtvollen Feuerwerk über der Außenalster, „Hanabi“ genannt, meldet sich Hamburgs japanische Gemeinde alle Jahre wieder an einem Wochenende im Mai prächtig und lautstark zu Wort. Rund ums Ufer herrscht Volksfeststimmung.

VIPs genießen das Ganze vom teuren Restaurant-Tisch im Hotel Intercontinental oder im Royal Meridien. Die preiswertere und bestimmt nicht weniger stimmungsvolle Alternative: Sie mieten ein Boot *(z. B. bei Bootsverleih Goldfisch | Kanu ab 9 Euro/Std. | Isekai 1 | Tel. 57 00 96 90 | www.goldfisch.de)* und begutachten das Ganze gemütlich schaukelnd vom Wasser aus. Noch billiger: Lassen Sie sich einfach auf einer der Alsterwiesen nieder, etwa am Schwanenwik, am besten mit Decke und Picknickkorb, und erfreuen sich am bunten Feuerwerk. Informationen über die Deutsch-Japanische Gesellschaft: *www.djg-hamburg.de*

HAMBURG VON OBEN

Insider Tipp

DOCKLAND [147 E5]

Sie wollen mal kostenlos weit über den Hafen gucken? Dann nix wie rauf aufs Dockland, Hamburgs wohl spektakulärstes Bürohaus am Altonaer Fischereihafen, erbaut von Star-Architekt Hadi Teherani. Hier dürfen Sie ganz regulär und völlig gratis den Angestellten in den Büros darunter aufs Dach steigen und von oben den Blick über die Elbe genießen. Grandios. *Eintritt frei | Dockland | Van-der-Smissen-Straße 9 | Hadag-Fähre 61, 62 Anleger Dockland | Altona*

GRINDELHOCHHÄUSER [140 B4]

Paternoster gibt es noch einige in Hamburg, manche sind öffentlich zugänglich, so wie der im Bezirksamt Eimsbüttel in den Grindelhochhäusern. Nehmen Sie Ihre Kinder an die Hand und gönnen Sie sich im 12. Stock in der Cafeteria 66 ein günstiges Mittagessen (Hauptgericht ca. 5 Euro) in der Amtskantine. Die ist nicht nur preiswert, sondern bietet auch einen genialen Blick über die Stadt – und der ist natürlich vollkommen gratis. Zurück geht's dann wieder im historischen Paternoster, ein kostenfreies Vergnügen. *Eintritt frei | Kantine Mo–Fr 11.30–13.45 Uhr | Grindelberg 66 | Tel. 4 22 94 02 | www.cafeteria66.de | Bus 5, 15 Bezirksamt Eimsbüttel | Harvestehude*

In T

HOTEL HAFEN HAMBURG TOWERBAR [148 B4]

Der Ausblick ist unschlagbar: Wenn die Sonne den Himmel abends in Pastellfarben taucht und die Lichter im Hafen glitzern, ist dies der perfekte Ort, um mit etwas Fernweh den

Schiffen hinterher zu schauen. Die Tower Bar des ehrwürdigen Hotels liegt in 62 m Höhe, und wer einfach nur mal auf Elbe und Werft gucken will, kann das zwischen Fahrstuhl und Eingang zur Bar problemlos tun. Wer bleiben will: Während der Happy Hour *(tgl. 18–19 Uhr)* gibt's Mojito und Co für 6,50 Euro. Ein gutes Argument für eine Verschnaufpause mit Weitblick. *Eintritt frei | Cocktails in der Happy Hour (18–19 Uhr) 6,50 Euro | tgl. 18–2 Uhr | Seewartenstraße 9 | Tel. 31 11 37 04 50 | www.hotel-hafen-hamburg.de | U3, S1–3 Landungsbrücken | St. Pauli*

Kostenfreies Vergnügen: Fahrt im Paternoster in den Grindelhochhäusern

NIKOLAIKIRCHTURM [131 D4]

Die Nikolaikirche im Zentrum der Hamburger Altstadt wurde im Krieg fast völlig zerstört und dient heute als Mahnmal an seine Schrecken. Der gläserne Fahrstuhl zur Turm-Plattform in 76 m Höhe ist mit 3,70 Euro zwar nicht ganz billig, dafür ist der Besuch des Dokumentationszentrums zum Zweiten Weltkrieg mit eingeschlossen. Von oben haben Sie einen fantastischen Blick und können auch mithilfe historischer Fotos das zerstörte Hamburg von 1945 mit dem Stadtbild von heute vergleichen. *Eintritt 3,70 Euro | tgl. Mai–Sept. 10–20, Okt.–April bis 17 Uhr | Willy-Brandt-Straße 60 | Tel. 37 11 25 | www.mahnmal-st-nikolai.de | U3 Rödingsmarkt | Altstadt*

PLACES TO BE

ALSTERPERLE [141 E5]

Sehen und gesehen werden, das ist rund um das ehemalige Klohäuschen am Alsterufer das Wichtigste. Hinzu kommt ein spektakulärer Sonnenuntergang am Abend vor Stadtsilhouette und Segelschiffen. Wer mithalten will bei den Schönen und Reichen, bestellt das Glas Prosecco zu 3,80 Euro und small-talkt möglichst cool über die letzten Business-Zahlen. Schließlich befindet man sich in

CLEVER!

> Was Sie nicht tun sollten

Hier ein paar Tipps, wie Sie in der Hansestadt Fettnäpfchen vermeiden. Z. B. beim Outfit: Statt Goldkettchen und Rolex wählen Sie lieber etwas Diskreteres – protzen ist hier nicht angesagt. Allergisch reagiert der Hanseat auch auf Anbiederei: Sprechen Sie so, wie Ihnen der Schnabel gewachsen ist, das breite Hamburgisch überlassen Sie besser den hier Geborenen. Einen wirklich strengen Dresscode gibt es dafür nicht mal mehr in der Oper; und wenn Sie tatsächlich in eine edle Institution wie den Anglo-German-Club eingeladen werden, wissen Sie sowieso, wie man sich kleidet. Eines machen Sie bitte auf keinen Fall: München als die schönere Stadt mit womöglich besserem Freizeitangebot („diese schöönen Bergseen!") loben – das kommt hier gar nicht gut an!

> www.marcopolo.de/hamburg

Uhlenhorst, einem der teuersten Wohnviertel der Stadt. Nicht weniger stilbewusst, aber preisgünstiger geht es auf dem Rasen nebenan zu: Da wird gegrillt, was das Zeug hält, und die mitgebrachte Flasche Prosecco steht im Sektkühler neben der Holzkohle ... *Im Sommer tgl. 8 Uhr–open end, im Winter 8–21 Uhr | Eduard-Rhein-Ufer 1 | Tel. 22748273 | www.alsterperle.com | Bus 6, 37, 172, 173 Mundsburger Brücke | Uhlenhorst*

PARK FICTION [148 A4]

Achtung, gefährliches Terrain: Schließlich sind Sie hier ganz dicht an der berühmt-berüchtigten Hafenstraße, die einst mit Randale und Hausbesetzungen weltweit für Furore sorgte. Diese Zeiten sind vorbei, doch etwas an alternativem Flair ist noch vorhanden. Park Fiction entstand aus einer alternativen Künstler-Aktion und ist heute eine der schrägsten, aber auch interessantesten Parkanlagen der Stadt mit Blick auf Elbe und Werft. Hier treffen Punk und Nerd aufeinander, sonnen sich unter Plastikpalmen, spielen Baseball oder Schach und trinken friedlich ihr mitgebrachtes Astra-Bier. Nicht unbedingt das Richtige für ältere Herrschaften aus der Provinz. *Eintritt frei | Ecke Pinnasberg/Antonistraße | www.parkfiction.org | S1–3 Reeperbahn | St. Pauli*

SCHANZENPIAZZA [148 A2]

Ein cooler Treffpunkt der Medien- und Musikszene mit ganz besonderem Charme: Man trägt hippe Klamotten, trinkt einen portugiesischen Milchkaffee für 1,70 Euro in einem der umliegenden Cafés und präsentiert, Vorbild Madonna, gerne auch den Nachwuchs, der dann am warmen Käse-Schinken-Toast knabbern darf. Ein bisschen Laufsteg-Charakter hat das schon, vor allem an warmen Sommertagen, dann ist die Piazza gerappelt voll. Abends öffnen die Bars mit junger Klientel. Direkt gegenüber liegt das Kulturzentrum Rote Flora, Mekka aller Alternativen für Norddeutschland, die regelmäßig mit Straßenschlachten auf sich aufmerksam machen. *Schulterblatt, Ecke Susannenstraße | Bus 15 Schulterblatt | Schanzenviertel*

STRANDPERLE [146 C4]

Wenn es in Hamburg einen Ort gibt, auf den sich vom Reeder bis zum

Punk alle einigen können, dann ist das die Strandperle. Solange man denken kann, gibt es in der provisorisch wirkenden Bude leckere Snacks ab 2,50 und ein Alsterwasser (in Süddeutschland sagt man Radler dazu) zu 1,60 Euro, oder die Menschen sitzen mit der mitgebrachten Dose Holsten Pilsener stundenlang im Sand davor, schauen auf die vorbeifahrenden Containerschiffe und sinnieren über das Leben, von morgens bis abends. Die Strandperle ist weniger eine Imbissbude, sie bildet den Rahmen für ein Lebensgefühl! Einziges Manko: Bei schlechtem Wetter ist geschlossen, November bis März nur am Wochenende geöffnet, und manchmal schwappt die Hochwasserwelle bis ins Bierglas. Aber das gehört halt dazu. *April–Okt. tgl. 11–23, Nov.–März Sa, So ab ca. 11 Uhr | Övelgönne 60 | Tel. 880 11 12 | www.strandperle-hamburg.de | Bus 112, Hadag-Fähre 62 Neumühlen | Övelgönne*

VEREINSHAUS DES BLANKENESER SEGELCLUBS [144 B3]

Blankenese at it's best: Am Fuße des Treppenviertels im schicken Elbvorort finden Sie das sympathische Clubheim des Blankeneser Segelclubs mit kleinem Restaurant auf einem Schiff. Chef Sven Nielsen kocht regional, saisonal und preisbewusst, z. B. Steinbeißerfilet auf Blattspinat. Maritimes Ambiente gibt's gratis, im Sommer sitzt man an Deck und schaut auf die Elbe. Schnösel haben hier nichts zu suchen, hier geht es um Ausspannen, gutes Gespräch übers Segeln, kurz: um echtes Hamburg-Feeling. *BSC-Clubhaus | Jollenhafen Blankenese | in der Regel Di–Fr ab 16, Sa/So ab 11 Uhr | Tel. 86 62 52 86 | S 1, 11 Blankenese, Bus 48 Blankenese Fähre | Blankenese*

ZUM MITMACHEN

KLETTERN [148 A2]

Von wegen Flachland: Hamburg hat diverse Berge, z. B. den Süllberg in Blankenese (immerhin über 70 m hoch) und sogar einen Weinberg auf dem Stintfang bei den Landungsbrücken. Wer richtig klettern will, der sucht natürlich nach härteren Herausforderungen. Die bietet beispielsweise die Kletterwand des über 20 m hohen Bunkers an der Schanze: Jeden Sonntag (*April–Okt. 15–17.30 Uhr*) bei schönem Wetter dürfen sich hier Anwohner, Zugereiste und über-

Bild: Für Mutige – gratis klettern am Schanzen-Bunker

haupt alle anderen in der Wand probieren – kostenfrei. Das Rundherum ist schön alternativ. Und im Anschluss dürfen Sie gerne eine Spende da lassen, dies ist nämlich eine wirklich tolle Stadtteilinitiative. *Nutzung kostenlos | Schulterblatt | Infos: www.kilimanschanzo.de | Bus 15 Schulterblatt | Schanzenviertel*

MINIGOLF

Die Clique ist genervt vom Museum, alle brauchen frische Luft? Dann ist Minigolf genau der richtige Spaß und dazu noch relativ günstig. Zwei sehr zentrale Plätze gibt es in Hamburg. Zum einen die nette Anlage in Planten un Blomen gegenüber des Hamburgmuseums, ein Spiel für Erwachsene kostet hier 3,50, Kinder zahlen 2,50 Euro. Klasse sind auch die großen Trampoline nebenan (2 Euro für 15 Minuten) und der kleine Kiosk, bei dem es noch günstiges Stieleis gibt *(April–Sept. tgl. 10–21 Uhr | Glacischaussee, Eingang Große Wallanlagen)*. Ebenfalls sehr zentral und mit moderaten Preisen präsentiert sich der Minigolfplatz mitten im Stadtpark *(Kinder 2, Erwachsene 3*

CLEVER!

> Alt eingesessene Hamburger treffen

Das Klischee vom Hanseaten in blauer Clubjacke mit Goldknöpfen, es lebt wirklich. Wo Sie Hamburger Bürger wie aus dem Bilderbuch finden? Abends z. B. am Thalia-Theater, da strömen Reeder, Bänker und Juristen durchs Portal, vorzugsweise im Blazer; die Gattin schick im Kostüm mit Perlenkette, beide haben seit 30 Jahren ihr Abonnement für dieses alt eingesessene Theater. Am lauschigen Anleger des Norddeutschen Regatta-Club (*Ecke Schöne Aussicht/ Fährhausstraße*) sonnen sich anderntags die Kinder im Seglerdress, sie haben gerade einen Wettbewerb zu Wasser gewonnen. Er trägt schon das BWL-Examen in der Tasche und übernimmt bald Papas Geschäft in dritter Generation, sie besucht noch die Sophie-Barat-Schule und freut sich auf den nahen Reiterurlaub in Spanien, natürlich zusammen mit Mutter. Alle zusammen genießen sie das gute Gefühl: in einer der schönsten Städte der Welt zu leben!

Euro, bei guter Witterung Mo–Fr ab 14, Sa, So ab 12 Uhr | Südring/Ecke Spielwiesenweg | www.minigolf-in-hamburg.de). Auch hier gibt es einen Kiosk und einen Spielplatz nebenan, das Ganze liegt schön schattig unter Bäumen.

RADTOUREN

Wer Hamburg mit anderen Augen erleben möchte, sollte die Stadt per Fahrrad erkunden. Die Hamburg Port Authority stellt in ihrer Broschüre „Mit dem Fahrrad unterwegs im Hamburger Hafen" *(Gratis-Flyer bei der Tourist-Info | www.hamburg-port-authority.de/hafenerlebnisroute)* nicht nur 45 km Radweg durch das maritime Quartier vor, sondern verrät auch, wo auf der Route die besten Aussichtspunkte und Sehenswürdigkeiten liegen. Eine Tour der Fahrradstation Dammtor *(Flyer gratis | Schlüterstraße 11 | Tel. 41468277 | www.fahrradstation-hh.de/fahrradtourismus)* führt mitten durch die City, von der Altstadt über die Speicherstadt bis nach Teufelsbrück. Tipp: In den U-, S- und A-Bahnen des HVV ist die Fahrradmitnahme von 9 bis 16 und ab 18 Uhr kostenfrei, am Wochenende und auf den Hafenfähren kostet der Drahtesel ebenfalls nichts extra.

SCHWIMMEN

Vom Schwimmen in der Elbe wird in Hamburg eher abgeraten, denn – ganz abgesehen von der vor allem im Sommer nicht besonders guten Wasserqualität – der Sog ins Fahrwasser ist enorm und einfach so drauf los paddeln geht auf keinen Fall. Sicherer ist es am Boberger See: Der ehemalige Baggersee liegt in schönstem Wald-Idyll, es gibt sogar eine FKK-Wiese. In der Nähe befindet sich eine riesige Wanderdüne, mit Sand so fein wie auf Usedom *(Boberger Düne, Lohbrügge)*. Noch sicherer freilich (und fast genauso schön) ist das Freibad im Stadtparksee, mit Bademeister und trotzdem mit Schilf und Alsterfischen unter den Füßen (im Sommer) – und mit 2,90 Euro Eintritt echt erschwinglich. *Tagesticket 2,90 Euro | Sommer tgl. 11–ca. 20 Uhr, je nach Witterung | Südring 5b | Tel. 188890 | www.baederland.de | U3 Saarlandstraße | Winterhude*

Insider Tipp

SKATEN

In Hamburg gibt es ganz wunderbare Skater-Touren, allerdings muss man für einige vorher ein Stück mit der Bahn fahren. Z. B. raus auf die größte Elbinsel zum S-Bahnhof Wilhelmsburg, dann geht es weiter nach Osten, Richtung Norderelbe. Der Moorwerder Hauptdeich ist ein kostenneutrales Skate-Dorado, tolle Landschaft inklusive. Mehrmals im Jahr gibt es aber auch Skate-Events mitten in der Stadt, z. B. eine Runde um die Außenalster: Bis zu 30 000 Skater sind es meist, da kann es schon ganz schön eng werden *(Infos www.inline-skating-schule.de)*.

ZUM ZUGUCKEN

EISHOCKEY [138 B2]

Ok, die Freezers können noch nicht ganz an einstige Erfolge anknüpfen, aber die Show in der O_2-World ist immer noch spitze. „Junge, komm' bald wieder" dröhnt es aus den Lautsprechern, wenn ein Freezer vom Platz verwiesen wird. Und alle stimmen mit Heidi Kabel ein, wenn dies dem Gegner geschieht: „In Hamburg sagt man Tschüüüüüß" – schön fies und Kult total. Kaufen Sie sich eine billige Karte für einen Platz in den obersten Rängen (ca. 18 Euro) und dann verbringen Sie das Spiel mit einem Caffe Latte im Restaurant: Das liegt nämlich direkt über dem meist tobenden Fanblock. *Saison Sept.–März | O_2-World | Sylvesterallee 10| Tickethotline 01805 20 84 08 | www.hamburg-freezers.de | Bus 180 Arenen, S 3, 21 Stellingen, | bei Spielen dann weiter mit dem Shuttle-Bus*

FUSSBALL HSV [138 B3]

Es soll in Hamburg Dreijährige geben, die ihrem Kindergartenkumpel die Freundschaft aufkündigen, weil der im falschen Club ist: HSV oder St. Pauli, das ist für den wahren Hamburger Fußballfan eine Lebensentscheidung. Für HSV-Spiele in der Imtech Arena gilt: Die Fans stehen ausschließlich in der legendären Nordkurve, Karten hierfür sind allerdings schwer zu ergattern und ziemlich teuer. Unser Mehr-erleben-Tipp: Bei Auswärtsspielen treffen sich echte Fans in der „Raute" *(Sylvesterallee 7)*, einer Fußballkneipe direkt im Stadion und verfolgen das Spiel am Bildschirm. Top-Atmosphäre zu 2,80 Euro fürs kleine Pils. Zu allen Zeiten bietet sich der Besuch im HSV-Museum an – mit Stadionführung, das Kombiticket kostet gerade mal 10 Euro. *Tgl. 10–18 Uhr (17.30 letzter Einlass) | Imtech Arena | Syl-*

vesterallee 7 | Tel. 41 55 15 50 | www.hsv.de | Bus 180 Arenen, S 3, 21 Stellingen | Stellingen

FUSSBALL ST. PAULI **[148 B3]**

Wie es mal war, ist es auch nicht mehr „auf Pauli“, denn die schicke neue Tribüne passt vielen Altfans gar nicht. Die stehen gerne noch immer in der Südkurve und schimpfen auf die Spieler, wenn sie nicht ihr Bestes geben. Karten sind eigentlich nicht zu kriegen, da seit Jahrhunderten in fester Hand – und werden höchstens vererbt. Deshalb ein Tipp: Stellen Sie sich an einem Spieltag einfach mal aufs Heiligengeistfeld nebenan – zumindest die Superstimmung ist hier so hör- wie spürbar. Oder Sie gehen auf ein Bier zu 2,30 Euro ins Café September gegenüber *(Feldstraße 60 | Tel. 43 76 11 | www.september-hh.de)* – dort treffen sich auch mal die Spieler, und gute Stimmung gibt es hier gratis dazu! *Millerntorstadion auf dem Heiligengeistfeld | Tel. 31 78 74 51 | www.fcstpauli.com | U3 St. Pauli | St. Pauli*

Echte St. Pauli-Fans treffen sich im Café September

> Billig und trotzdem lecker? Wir meinen, das geht. In den folgenden Läden werden Sie gut und günstig satt

Gastliche Stätten aller Ethnien gibt es in Hamburg zuhauf, dazu viele coole Läden mit feiner Crossover-Küche und natürlich besternte Küchentempel fürs große Portemonnaie. Die norddeutsche Metropole zählt sicher nicht zu den preiswertesten Städten der Republik, doch muss ein Leben wie Gott in Hamburg nicht überaus teuer sein. Es gibt viele Restaurants, die Köche mit Esprit und Liebe zur Arbeit beschäftigen und trotzdem günstige Preise haben, etliche sind dabei sogar noch urig oder gemütlich. Genau solche Locations haben wir gesucht und gefunden – sehen Sie selbst. Dazu natürlich Adressen anständiger Imbisse, wo Sie schnell und günstig satt werden können. Wer gerne mal eine Zigarette nach dem Essen pafft: Nach langem hin und her dürfen größere Restaurants in Hamburg nun wieder separate Raucherräume einrichten, kleinere Lokale müssen ihre Gäste mit dem Glimmstängel vor die Tür bitten. „Eckkneipen“ haben eine Sonderstellung: Hier darf gequalmt werden – allerdings nur, wenn es nichts zu essen gibt. In den folgenden Restaurants speisen Sie also nicht nur gut und günstig, sondern, wenn sie möchten, auch ohne störenden Zigarettenrauch vom Nachbartisch.

ESSEN & TRINKEN

CAFÉ

LA PAZ [139 F3]

Ab 2,10 Euro gibt's hier ein Frühstück, das seinen Namen verdient, der Kaffee dazu kostet gerade mal 1,20 Euro. Das sind schon mal zwei Argumente für dieses Café-Restaurant in Eimsbüttel. Und es gibt noch mehr: Die Bedienung ist freundlich und zuvorkommend, gemütlich ist es, und wer zu spät zum Frühstück kommt, entscheidet sich für die günstigen Tapas. Ein anständiger Mittagstisch ist schon ab 3,90 Euro zu haben. Und Donnerstagabend spielt hier die Musik – selbstverständlich live. *Mo–Fr ab 9, Sa ab 10, So ab 9.30 Uhr | Heussweg 49 | Tel. 40 98 57 | www.lapaz-hamburg.de | U2 Osterstraße | Eimsbüttel*

MILLER [148 A3]

Im Miller werden traditionell Siege und Niederlagen des FC St. Pauli in Astra ertränkt. Dass man hier auch gut frühstücken kann, nämlich schon ab 2,40 Euro, ist dem von außen ziemlich schrabbelig wirkenden Lokal nicht anzusehen. Trauen Sie sich ruhig rein, hier beißt keiner – außer ins Brötchen. Oder in bestens schmeckenden hausgemachten Kuchen. Insider Tipp Omas Apfelkuchen hat Saft und Kraft, der Karottenkuchen erfreut Veganer (ohne Ei und Milch) und der Käsekuchen ist die Krönung – auch für hartgesottene Fußballfans. *Di–So 10–24 Uhr, Frühstück 10–18 Uhr | Detlev-Bremer-Straße 16 | www.cafe-miller.de | Tel. 31 57 19 | U3 St. Pauli | St. Pauli*

IMBISS

AL ARABI [147 D3]

Schräg gegenüber vom Veranstaltungszentrum Fabrik liegt dieser arabische Imbiss, der sich schon durch das äußerst umfangreiche Gemüse- und Salatangebot von den meisten seiner Art unterscheidet. Bunt ist es, akkurat angeordnet, liebevoll dekoriert oder lecker eingelegt. Fast alle kommen wegen der frischen Falafel zu 3,20 Euro, für die das Al Arabi ein bisschen berühmt ist. Und für den Petersiliensalat. Und das Kichererbsenpüree mit Tahina. Und die Granatapfelsoße. Im Sommer geht's raus in den Hinterhof, da plätschert ein Brunnen und lässt die laute Barnerstraße weit weg erscheinen. *So–Do 11–1, Fr, Sa 11–3 Uhr | Barnerstraße 42 | Tel. 39 28 21 | Bus 2, 150 Friedensallee | Ottensen*

CURRY PIRATES [141 F3]

Früher hat Michael Weißenbruch ein beliebtes Feinschmeckerrestaurant geführt, heute macht er in Wurst. Auf den ersten Blick ist das ein Abstieg, auf den ersten Biss wird allerdings klar, dass es sich hier um das kreativste Brät der Stadt handelt. Und dabei muss man nicht die Edelvariante mit Kalb, Trüffel und Gänseleber probieren. Schon die normale Currywurst zu 3 Euro mit Aprikosen im Brät ist eine Wucht. Oder die Ochsenwurst mit Apfelstückchen und Wasabisoße für 3,50 Euro. Michael Weißenbruch macht sie alle selbst, ebenso die Soßen, die Mayonnaise, die belgischen Pommes. Jede Woche denkt er sich eine neue Sorte aus, manchmal holt er sich dabei Anregungen von seinen Stammgästen. Die reisen, wenn es sein muss, auch quer durch die Stadt, um seine Ideen zu genießen. *Mo–Fr 12–15 u. 17–20 Uhr, Sa 12–17 Uhr | Mozartstraße 23 | www.curry-pirates.de | Bus 172, 173 Mozartstraße, Bus 25 Hebbelstraße | Uhlenhorst*

Insider Tipp

CURRY QUEEN DELI [131 D4]

Die Schälchen sind hier aus Porzellan – und auch sonst ist dieser Imbiss etwas anders, nicht nur, weil er sogar im Gault Millau lobend erwähnt wird. Sieben Currysoßen in verschiedenen Schärfegraden kommen hier auf die edle Wurst (ab 2,70 Euro) oder Tofu. Zu den fingerdicken, selbst gemachten Pommes werden diverse Mayonnaisen serviert. Und wem dabei die Vitamine fehlen, der ordert den anständigen Salat. *Mo–Fr 11–18 Uhr | Zippelhaus 2 | Tel. 76 75 76 26 | www.curryqueen.eu | U1 Meßberg | Altstadt*

ERIKAS ECK [148 B2]

Morgens um vier ist in Erikas Eck schon ordentlich was los. Da stehen dann Frühaufsteher und Nachtschwärmer am Tresen, ordern dick belegte Brötchen oder Rumpsteak, dazu einen Pot Kaffee zu 1,60 Euro, das weckt die Lebensgeister. Rundstück warm XXL schlägt mit 7,20 Euro zu Buche und auf die Hüften, ein halbes Kilo Bauernfrühstück ist für 7,50 Euro zu haben, donnerstags gibt's jedes tellerfüllende Schnitzel mit Bratkartoffeln für 7,90 Euro, dazu noch ein kühles Astra (2 Euro) Erikas Eck ist nicht bloß ein Imbiss, sondern eine Oase. *So–Fr 17–14, Fr/Sa 17–9 Uhr | Sternstraße 98 | Tel. 43 35 45 | www.erikas-eck.de | U- und S-Bahn Sternschanze | St. Pauli*

KLEINE PAUSE [148 A3]

Womit soll man hier anfangen? Mit dem Schollenfilet, das 3 Euro kostet? Oder mit dem Schnitzel zum glei-

Ochsenwurst mit Apfelstückchen und Wasabisoße: Curry Pirates

chen Preis? Mit der großen Pizza für 5,40 Euro? Oder dem guten Vegi-Burger für 3 Euro? Oder doch lieber damit, dass die Inhaber Sabine und Thorsten das Herz am richtigen Fleck haben, das Personal immer bester Stimmung ist und hier richtig schön hamburgisch nachbarschafts-geschnackt wird? Die Kleine Pause ist einfach ein großes Glück für kleine Geldbeutel. *Mo–Do 7–3, Fr 7–5, Sa 9–5, So 9–2 Uhr | Wohlwillstraße 37 | www.kleine-pause.de | U3 Feldstraße | St. Pauli*

Insider Tipp

LA FAMILLE CROQUE UND CREPE [148 A2]

Fast könnte man diesen kleinen, urigen Laden zwischen all den anderen Shops übersehen, wäre da nicht die große rot-weiß-blaue Markise über den gleichfarbigen Biertischen und -bänken ausgefahren, die deutlich demonstrieren will, dass dieser Laden ein echter Franzose ist. Und das bestätigt sich beim Eintreten: Altes hölzernes Mobiliar, eine hohe Theke, dazu Werbeplakate und Telefone aus dem letzten Jahrhundert an den Wänden sorgen für ein nostalgisches Flair. Zwar wartet man auf die Bestellung ein paar Minuten länger, dafür sind die Croques (ab 4,10 Euro) mit solch ausgefallenen Soßen wie „Voodoo-" oder „Chili-Remoulade" unglaublich knusprig und frisch. Auch die Salate (ab 3,50 Euro) und die salzigen und süßen Crêpes (ab 2,90 Euro) sind exzellent und erschwinglich. Jeden Tag gibt es einen wechselnden Mittagstisch (Croque und Getränk) in klein für 4,50 und groß für 6,90 Euro. Dazu ein Tipp für Reisende ohne Smartphone aber mit Internetbedarf: Es gibt einen PC mit kostenlosem Internet. *Mo–Do 11.30–24, Fr, Sa u. vor Feiertagen 11.30–open end, So u. feiertags 11.30–24 Uhr, im Sommer eine Stunde länger | Schulterblatt 62 | www.bistro-lafamille.de | S21, S3 Sternschanze | Sternschanze*

PIZZA AL TAGLIO VIA VAI [147 D3]

Julia Breyer und ihr Team verkaufen perfekte Pizza mit Birne und Gorgonzola, Parmaschinken und Rucola, Ziegenkäse, Rosmarin und Honig und allem, was der Chefin sonst noch so einfällt. Die fertige Pizza wird in Stücke geschnitten, die Kunden bestimmen die Größe und zahlen nach Gewicht, 100 g kosten 1,50 bis 1,70 Euro. Einfach reinbeißen – himmlisch! *Mo–Fr 12–23, Sa 17–24 Uhr |*

Bahrenfelder Straße 223 | Tel. 79 69 26 26 | Bus 2, 150 Friedensallee | Ottensen

POLOKANTINE [148 A2]
Winzig ist diese Kantine – und ihre Preise sind es auch. Nudeln, Eintöpfe und Salate kommen zackig auf die Tische, die erstklassige Pasta kostet 4,90, das teuerste Gericht 5,90 Euro. Und weil die Bedienung so freundlich ist, fühlt sich das gemischte Publikum hier so richtig wohl. *Mo–Fr 10–17 Uhr, | Bartelsstraße 26 | Tel. 43 17 96 36 | www.polokantine.com | S 11, 21, 31, U 3 Sternschanze | Schanzenviertel*

SOUPERIA [148 A2]
Jeden Tag dampfen hier genau acht Suppentöpfe: Sechs der wohltuend würzigen Gerichte – etwa Möhren-Ingwer-Suppe oder Chicken Chili in Erdnussbutter – wechseln monatlich, die anderen zwei sogar jede Woche. Der Teller kostet ab 3,95 Euro, gegessen wird im Stehen. Wer nachwürzen will, bedient sich im Regal. *Mo–Fr 11–20, Sa 12–17 Uhr | Bartelsstraße 21 | Tel. 43 09 95 55 | www.souperia.de | S11, 21, 31, U 3 Sternschanze | Schanzenviertel*

TEUFELS KÜCHE [147 D3]
Der Imbiss von Shahram Nia ist wohl der spannendste des Viertels – und mit seinen hübschen Mosaiksteinchen an den Wänden auch der schönste. Gemüse-Ingwer-Kokos-Suppe gibt es hier, Bandnudeln mit Gorgonzola und Thainudeln mit Wokgemüse, ab 4,20 Euro schlemmt ein buntgemischtes Publikum an den wenigen Tischen. Zum Frühstück *(9.30–12 Uhr)* können Sie sich mit so leckeren Gerichten wie Crêpe mit Schafskäse, Tomate und Rucola für 4,50 Euro stärken, für 6 Euro gibt's den Kaffee gleich dazu. Sommers ist der Imbiss doppelt so groß, dann wird nämlich einfach der Bürgersteig vor der Fensterfront zur Terrasse. *Mo–Do 9.30–22, Fr, Sa 9.30–23, So 10–21 Uhr | Ottenser Hauptstraße 47 | Tel. 39 80 49 77 | www.teufels-kueche.net | S 1–3, 11, 31 Altona | Ottensen*

KNEIPEN

DOWN UNDER [148 C1]
Bis ans andere Ende der Welt entführt uns das rustikale Pub-Restau-Bekannt ist es für seine Chicken Wings, die in zwanzig Variationen serviert werden – von Aussie Style

Wagga Wagga (sehr, sehr scharf) bis Japanese (Teriyaki Style mit Soja und Honig), in Portionen von S (4 Stück zu 3,30 Euro) bis XXL (30 Stück zu 16,50 Euro) zu haben. Nudelgerichte gibt's ab 5,10 Euro. Dabei gilt: Australier scheinen einen großen Magen zu haben, die Teller sind solide gefüllt. Enjoy! *Mo–Fr ab 17, Sa ab 18, So ab 15 Uhr | Grindelallee 1 | www.down-under-hamburg.de | Tel. 45 70 17 | Bus 4, 5 Staatsbibliothek | Rotherbaum*

SCHACHCAFÉ RÜBENKAMP [136 A3]

Spielen könnten die Gäste im dunklen Bahnhofsgebäude von 1913 stundenlang, denn neben Schach sind auch etliche Gesellschaftsspiele vorhanden. Lieber noch aber labt sich fast jeder Besucher an den vorzüglichen Bratkartoffeln: Die sind deftig und knusprig und kosten mit drei Spiegeleiern 5,50 Euro. Für 5,90 Euro verlassen Tortellini mit Soße, für 6,10 Euro Sauerkrautauflauf die wuselige Küche, für 1,90 Euro kommen Gemüse oder Kroketten extra auf die rustikalen Tische, dazu Staropramen-Bier vom Fass. Einfach klasse. *So–Do 8–2, Fr, Sa 8–4 Uhr | Rübenkamp 227 | Tel. 6 31 04 31 | www.schachcafe-hamburg.de | S 1, 11 Rübenkamp | Barmbek*

Insider Tipp

SCHWEINSKE [148 A4]

Quietschrosa Schweinchen – stilisiert gemalt – zieren in diesem Lokal die Wände. Das ist nicht jedermanns Ding, tut aber nichts zur Sache, sobald die Speisekarte aufgeschlagen wird. Die ist voller Argumente für diese Gastronomie-Kette: Backkartoffeln mit Sour Cream für 3,10, panierte Schnitzel mit Pommes und Salat für 7,40, XL-Version 9,90, ein Weißbier zu 3,10 Euro. Flink und freundlich wird aufgetischt, in jeder Filiale gibt es Kindergerichte und auf der Reeperbahn, wo man es gar nicht vermutet, ist für kleine Gäste extra eine winzige Toiletten eingebaut. Das Schweinske Reeperbahn ist dabei nur eines von insgesamt 30 Restaurants dieser preiswerten Kette in Hamburg – wie gut. *Mo–Do 9–24, Fr 9–So 24 Uhr durchgehend geöffnet | Reeperbahn 157 | Tel. 33 96 770 | www.schweinske.de | S 1–3 Reeperbahn | St. Pauli*

TAVERNA OLYMPISCHES FEUER [148 A2]

Rumpelig rustikal ist die Taverne am Schulterblatt, und die Inhaber kön-

Bodenständiges im alten Bahnhof: Schachcafé Rübenkamp

Franziskaner
Weissbier
BIERGARTE
Rübenkamp

nen sich für nichts richtig entscheiden: Die Karte ist sowohl griechisch als auch italienisch, an den Wänden kleben HSV- und Pauli-Plakate, und die Silvestergirlanden an der Decke hängen das ganze Jahr über. Schrabbelig ist das – und familiär. Und genau deswegen eine Institution, die seit Jahren mächtige Portionen zu guten Preisen anbietet. Leber mit Pommes und Salat oder Makkaroniauflauf mit Hack und Schafskäse sind schon ab 6,50 Euro zu haben, für Menschen mit großem Appetit auf solide Deftigkeiten genau das richtige. Pizza verlässt schon ab 4 Euro den Holzofen. Manchmal kommt die Mannschaft des FC St. Pauli hierher, um zu feiern. Dann ist Diamantopoulos Konstantinos ganz stolz – das hat er sich aber auch verdient. *Tgl. 12–2 Uhr | Schulterblatt 36 | Tel. 43 55 97 | Bus 3 Neuer Pferdemarkt | Schanzenviertel*

MENSEN

PHILOSOPHENTURM [140 C5]

Wer es ein ein klein wenig gemütlich haben möchte, wählt die Mensa im Philosophenturm, der unübersehbar über den Campus ragt. Dort sitzen die Gäste hinter bunten Glasscheiben. Wer günstig satt werden möchte, sieht den Geübten an der Salatbar zu und macht es dann nach: Kleine Schüssel nehmen und auf einen größeren Teller stellen, Salatsoße hineingeben, Salat stapeln bis wirklich nichts mehr geht, bezahlen und dann am Tisch den Salatturm auf den Teller stürzen. Zudem gibt es noch eine Pasta- und Gemüsebar. Abwechslungsreiche Hauptgerichte kosten um 4 Euro. *Mensa Philosophenturm | Mo–Fr 8–19, Sa 8–14.30 Uhr | Von-Melle-Park 6 | www.studierendenwerk-hamburg.de | Bus 4, 5 Staatsbibliothek | Rotherbaum*

STUDIERENDENHAUS [140 C5]

Seit Jahrzehnten schon hält sich hartnäckig der Spitzname dieser Lokalität: Schweine-Mensa. Dabei ist das Essen hier nicht schlechter als in den 12 anderen Verpflegungsstätten für Studenten. Und sie hat einen entscheidenden Vorteil: Hier ist immer ein Platz frei, denn sie ist die größte Mensa der Stadt. Nicht-Studierende zahlen einen Aufpreis – und können sich so an Suppen für 2,20 wärmen oder zur Rinderroulade für 5,30 Euro greifen. *Mensa Studierendenhaus | Mo–Do 11–15, Fr 11–14.30 Uhr |*

Von-Melle-Park 2 | www.studierendenwerk-hamburg.de | Bus 4, 5 Staatsbibliothek | Rotherbaum

TU HARBURG [147 D4]
Auch auf der anderen Elbseite werden knurrende Mägen günstig gefüllt, Hauptgerichte kosten um 4 Euro. Im Speiseraum der Technischen Universität stehen die Tische eng beieinander. Ungestört lästern lässt es sich hier also nicht, aber zur Kontaktaufnahme ist die Sitzanordnung förderlich. Wer noch einen Tipp für eine gute Party am Abend oder eine besonders angesagte Bar braucht, fragt einfach in die Runde und erhält garantiert eine Antwort. *Mensa TU Harburg | Mo–Fr 7.45–15, Cafeteria bis 18 Uhr | Denickestraße 22 | www.studierendenwerk-hamburg.de | S3, 31 Harburg Rathaus | Harburg*

RESTAURANTS

CASINO KAMPNAGEL [141 F2]
Abends ist die Kantine des Kulturzentrums Kampnagel (für sein Tanztheater bekannt) ein ganz normales Restaurant, von Montag bis Freitag mittags werden hier prächtige Salate, fein gewürzte Fleisch- wie auch vegetarische Gerichte zu Preisen zwischen 4 und 7 Euro angeboten – günstiger geht's bei dieser Qualität kaum. Und wer sich beim abschließenden Dessert und Espresso etwas umschaut, sieht am Nebentisch schon mal einen Schauspieler sitzen, der sich just vom Proben erholt. *Mo 10–17, Di–So 10–1 Uhr, Kantine Mo–Fr 11.30–15 Uhr | Jarrestraße 20 | Tel. 27877439 | www.casino-kampnagel.de | Bus 172, 173 Jarrestraße | Winterhude*

CENTO LIRE [130 A1] Insider Tipp
Halb Trattoria, halb Café und davor eine meist vollbesetzte Terrasse mit Blick auf den neuen Karolinenplatz: Das Cento Lire ist eine wohlige Location im wuseligen, buntgemischten Karoviertel. Hier gibt's günstige Pizza und gute Pasta, um 5,50 Euro wird man solide satt. Hinterher sollten Sie einen Kaffee mit perfekter Crema trinken, und dann ist der Spaziergang durchs Viertel rund um die Marktstraße ein Muss – solch eine Vielfalt an coolen Designershops, guten Second-Hand-, schönen Kitsch- und Kunstläden gibt es sonst nirgends in der Stadt. *Mo–Sa 12 bis 15.30 u. 18–23 Uhr | Karolinen-*

straße 12 | Tel. 41 35 91 77 | www.100lire.de | U 2 Messehallen | St. Pauli

Insider Tipp **CIAO MAMMA** [130 C5]

Die HafenCity wirkt ziemlich nobel und manch einer meint, hurtig das Viertel wechseln zu müssen, um günstig satt werden zu können. Das stimmt nur bedingt, zumindest seit es das Ciao Mamma gibt. Dieses italienische Restaurant serviert gute Pizza und Pasta ab 6 Euro, Urlauber wie Angestellte der umliegenden Büros lassen es sich hier mit großem Genuss schmecken. Wegen der günstigen Preise ist es meist rappelvoll, doch da viele Gäste nur ihre kurze Mittagspause haben, findet sich meist schnell ein freier Platz. *Mo–Fr 11.30–16, Sa, So 11.30–17 Uhr | Am Sandtorkai 40 | Tel. 32 51 37 64 | www.ciaomamma. de | Bus 3 Auf dem Sande | HafenCity*

GRILL OF ARABIA [148 A2]

Wer diese Falafel zu 3,80 Euro probiert hat, möchte künftig immer wieder welche vernaschen – weil sie so knusprig sind, mit Hummus und frischer Minze, Sesampaste und Gemüse. Wer's eilig hat, kann sie auch einfach mitnehmen, denn das Grill of Arabia ist eine Mischung aus Imbiss und Restaurant. Geruhsamer aber ist es, sich einfach hinzusetzen, Tee aus kleinen, goldumrandeten Gläsern zu trinken und gleich ein ganzes Mahl

CLEVER!

> Probieren auf dem Isemarkt

Hamburg hat unzählige Wochenmärkte, der schönste ist etwa einen Kilometer lang und wer drüberschlendert, wird auch bei Schietwetter nicht nass, weil er unter einem U-Bahn-Viadukt entlang führt. Das Beste am Isemarkt: Er ist eine grandiose Schlemmermeile. Wer sich traut, kann kostenlos satt werden – hier ein bisschen Käse probieren, dort etwas Wurst, da ein Bonbon, vom Eppendorfer Baum bis zur Hoheluftbrücke gibt's genügend Gelegenheiten zum Testessen. Entdecke die Möglichkeiten an mehr als 200 Verkaufsständen! *Isemarkt | Di u. Fr 8.30–14 Uhr | Isestraße | U 3 Eppendorfer Baum/Hoheluftbrücke*

> www.marcopolo.de/hamburg

zu bestellen. Ab 6,50 Euro kosten die arabischen Köstlichkeiten, und zum Schluss sollte unbedingt noch Platz für ein Stückchen Gebäck sein, honigsüß und mit Pistazien – nicht Diät-tauglich, aber ein echt orientalisch-arabischer Abschluss. *Tgl. 12–24 Uhr | Schulterblatt 35 | Tel. 41 35 94 68 | www.grill-of-arabia.de | S 11, 21, 31, U 3 Sternschanze | Schanzenviertel*

HATARI PFÄLZER STUBE [148 A2]

Wie der Name vermuten lässt, findet man Pfälzer Folklore in dieser Stube, doch gerade nur so viel, dass es sich Szenegänger hier gerne bequem machen. Sicher liegen Flammkuchen zu 7,50 Euro oder die feinen Burger mit einer Riesenportion Pommes zu 8 Euro für manchen an der oberen Preisgrenze, sie sind dafür aber deftig und äußerst lecker. Die Einrichtung ist auch charmante Art altmodisch, die Gäste sind eher jung und drumherum liegt eines der besten Ausgehviertel der Stadt. Mit solch einer soliden Grundlage kann die Nacht auch gerne lang werden. *Tgl. 12–23 Uhr | Schanzenstraße 2-4 | Tel. 43 20 88 66 |Bus 3 Neuer Pferdemarkt | Schanzenviertel*

HOPI [140 B3]

Steakhäuser gibt es viele in Hamburg, aber keines ist so günstig wie das rustikale Lokal in der Nähe der Grindelhochhäuser. 9,90 Euro kosten 200 Gramm argentinisches Rindfleisch, die Beilagen sind im Preis inbegriffen – da wähnen sich Steak-Fans im Paradies. Wer's lieber vegetarisch mag, wählt den Pilzkopf, eine Grillkartoffel gefüllt mit Sour Cream und, na klar, Pilzen. Allerdings ist eine Reservierung dringend empfohlen, denn abends sitzt hier meist die versammelte Nachbarschaft und genießt, und später kommen noch die Besucher des nahen Programmkinos dazu. *Di–So 17–23 Uhr | Oberstraße 3 | Tel. 4 20 09 40 | www.hopi-hamburg.de | U 3 Hoheluftbrücke | Harvestehude*

JIMMY ELSASS [148 B1]

Dies ist ein Ort für Genießer, für solche, die einfache Gemütlichkeit zu schätzen wissen. Auf der Karte steht nichts als Flammkuchen – der aber dafür gleich in zwanzig Varianten serviert wird: Von einfach (Speck, Zwiebeln) über kreativ (Ziegenkäse, Rosmarin, Schinken) bis hin zu süß. Da die elsässische Antwort auf die italienische Pizza zwar hauchdünn, dafür aber sehr groß ist, passt der lecker flambierte Calvados-Apfel-Flammkuchen meist nicht mehr. Also am besten mit Freunden hingehen, diverse Varianten bestellen und teilen. Geht hier übrigens ganz unkompliziert, denn gegessen wird nicht mit Besteck, sondern mit der Hand – und vorher wird alles mit einem scharfen Pizzaschneider in mundgerechte Stücke zerteilt. *Tgl. Juni–Aug. ab 17, Sept.–Mai ab 18 Uhr | Schäferstr. 26 | Tel. 44195965 | U2, 3 Schlump | Eimsbüttel*

Insider Tipp

L'ORIENT **[139 F3]**

Dieses libanesische Restaurant ist das Wohnzimmer der Eimsbütteler – weil Mazza, Lammfilet mit Joghurt-Minze-Soße oder Entenbrust auf Feigencarpaccio so raffiniert und üppig sind. Lecker und mit 5,50 (vegetarisch) bzw. 6,50 Euro (mit Fleisch, Fisch oder Meeresfrüchten) auch noch günstig sind die Mittagsgerichte *(Mo–Fr 12–16 Uhr)*, das Dreigängemenü am Mittag ist für 8,50 Euro zu haben. Sonntags wird gebruncht *(10–14 Uhr)* für nicht einmal 8 Euro. Auch die filigranen, orientalischen Gebäckstückchen sind den Gang ins fliederfarbene Lokal unbedingt wert, das außerdem mit seinem charmanten Service punktet. *Mo–Sa 11.30–23, So 10–23 Uhr | Osterstr. 146 | Tel. 43281651 | www.restaurant-lorient.de | U2 Osterstraße | Eimsbüttel*

MAN WAH **[148 A4]**

Dieses chinesische Restaurant direkt an der Reeperbahn ist keine Touristenfalle, sondern eine Institution für Asiaten und Szenegänger. Die bestellen hier meist Dim Sum (bedeutet „das Herz berühren"), köstliche Kleinigkeiten, die zwischen 3,30 und 5,20 kosten, etwa gedämpfte Hefeteigklöße mit Hühnerfleisch, gefüllte Nudelteigtaschen oder leckere Fischbällchen. Chinesen und Wagemutige freuen sich über so exotische Spezialitäten wie geschmorte Hühnerfüße oder gebratene Froschschenkel. Das Essen ist sehr authentisch, die Einrichtung schick. Überschätzen Sie ihren Magen nicht: Diese kleinen Häppchen sind recht großzügig portioniert – so wird man preisgünstig satt. *So–Do 12–3, Fr, Sa 12–4 Uhr | Spielbudenplatz 18 | Tel. 3192511 | S1–3 Reeperbahn, U3 St. Pauli | St. Pauli*

NOSTALGIA BEI SOTIRIS [147 D4]

Goldener Stuck an der Decke, dazu ein paar Tische – fertig ist das gemütliche Restaurant. Ein bisschen Kitsch gibt es höchstens im hinteren Zimmer. Zugegeben, viele kommen hierher, weil der Viertelliter Landwein nur 3,20 Euro kostet und dabei auch noch richtig gut schmeckt. Besonders in Kombination mit Brot und einer kleinen Vorspeise, die es meist aufs Haus gibt – eigentlich braucht es kaum mehr für einen gemütlichen Abend. Wer wirklich Hunger hat ordert einen Fleischspieß zu 6,50 Euro und dazu Knoblauchkartoffeln für 2,20 Euro. Den Ouzo hinterher gibt's aufs Haus, ein kleines Dessert auch. Besser lässt sich die griechische Küche kaum genießen. *Mo–Do 17–24, Fr, Sa 16–24, So 13–24 Uhr | Eulenstraße 49 | Tel. 39 90 74 67 | www.nostalgia-beisotiris.de | Bus 1, 250 Große Brunnenstraße | Ottensen*

OBERHAFENKANTINE [149 E5]

Keine Angst, das windschiefe Häuschen im Oberhafen kippt schon nicht um, es trotzt Sturm und Flut seit mehr als 80 Jahren. Tim Seidel und Sebastian Libbert betreiben die unter Denkmalschutz stehende Kaffeeklappe heute und die traditionelle Hamburger Hausmannskost, die hier serviert wird, ist richtig lecker: Die Bratwurst wird mit Majoran gewürzt und in die lokale Variante der Weißwurst kommt Hering. Wem das zu experimentell ist, der greift zum Rundstück warm, Brötchen mit Rinderbraten. 3,50 bis 6,50 Euro sind für diese Leckerbissen sozial kalkuliert, zumal großer Wert auf die Qualität der Zutaten gelegt wird – sie stammen, wann immer möglich, aus der Region. Auch wenn die Oberhafenkantine etwas abgelegen ist: Der Weg dorthin lohnt sich! *Mo–Sa 12–22, So 12–20 Uhr | Stockmeyerstraße 39 | Tel. 32 80 99 84 | www.oberhafenkantine-hamburg.de | U1 Steinstraße | HafenCity*

PHO DUC [149 F3]

Vietnam ist das kulinarische Frankreich Asiens: Filigran sind die Speisen, mit Bedacht gewürzt, am liebsten mit feinen Kräutern. In diesem vietnamesischen Restaurant in der Nähe des Hauptbahnhofs haben sich die Inhaber auf Pho (Nudelsuppe) spezialisiert. Die wärmt und sättigt gleichermaßen, egal in welcher der Varianten serviert wird, mit Gemüse,

Hühner- oder Rindfleisch. Immer dabei: die Reisnudeln und ein Extrateller mit Kräutern, frischen natürlich. Das billigste Gericht kostet 5,80, das teuerste 8,80 Euro, damit lässt sich's gut leben. *Mo–Sa 11–22.30 Uhr | Steindamm 103 | Tel. 63677400 | U 1 Lohmühlenstraße | St. Georg*

RIVER VIEW KANTINE **[147 D4]**
Die perfekte Location für ein günstiges Mittagessen mit Blick auf die Elbe: In der River View Kantine in Neumühlen können Sie sich leckere Gerichte wie Lachsfilet mit Senfsoße, Blattspinat und Pariser Kartoffeln (6,60 Euro) oder ukrainische

Kult-Gaststätte nahe der Elbe: Oberhafenkantine

Soljanka mit einer Schmandhaube (3,90 Euro) schmecken lassen, während nebenan die Containerschiffe vorbeifahren. Auch ein Salatbüfett steht bereit, Desserts sind für 2 Euro zu haben. Die Kantine gehört zum edlen Restaurant River Grill gleich nebenan und ist nur mittags geöffnet, früher war in den Räumen Christian Rachs Cantina Milano untergebracht. Wer bei schönem Wetter lieber direkt am Fluss sitzt, kann sich Bagel (3,50 Euro) und Panini (4,10 Euro) auch zum Mitnehmen einpacken lassen. *Mo–Fr 12–14.30 Uhr | Neumühlen 17 | Tel. 60080 9940 | www.river-grill.de | Bus 112 Lawaetzhaus | Ottensen*

SAPA [148 B1]

Zwischen Schlump und Sternschanze lockt ein guter Vietnamese, bestehend aus einem schlicht eingerichteten Raum, aromatischen Gerüchen und einer Speisekarte, für die man schon mal zwanzig Minuten Bedenkzeit einplanen kann. Salat (z. B. mit Mango, Lotuswurzeln, Garnelen, Erdnüssen) für etwa 6 Euro, Reisbandnudelsuppe (keine Vorspeise, sondern macht pappsatt) zu rund 7 Euro, klingt alles fantastisch und schmeckt auch so. Mehr als ein Gericht zu bestellen grenzt geradezu an Völlerei, besser ein wenig Platz lassen für ein Mango-Minz-Lassi zum Dessert. Nur die Weinauswahl ist dürftig. *Mo–Do 12–22, Fr, Sa 12–23, So 17–22 Uhr | Kleiner Schäferkamp 14 | Tel. 68876680 | U2, 3 Schlump | Eimsbüttel*

SLOWMAN [131 E3]

„Geschmacksträger" und „Tellertänzer" arbeiten in diesem Ausbildungsrestaurant im Chilehaus, so steht es zumindest auf den T-Shirts der Mitarbeiter. Das Slowman dürfte vielen ein Begriff sein, denn Küchenvirtuose Christian Rach gab hier vor nicht allzu langer Zeit Arbeitssuchenden mit ungeraden Lebensläufen die Chance, sich zu beweisen – begleitet vom Fernsehteam der Real-Life-Doku „Rachs Restaurantschule". Auf den Teller kommen qualitativ hochwertige Gerichte, die sind beim Mittagstisch (*Mo–Fr 12–15 Uhr*) etwas bodenständiger, haben aber stets raffinierte Akzente. Die selbstgemachten Fischstäbchen mit Rahmspinat (8,90 Euro) etwa sind mit einem Soßenschaum überzogen, der Eistee (3 Euro) ist mit Mandarinenpüree zubereitet. Wer schlemmen möchte, wählt die Sushikombo (7 Stück 8,90 Euro) oder das Mittagsmenü (19,50 Euro). Dabei sparen Sie deutlich, denn die Drei- und Viergangmenüs am Abend sind mit 30 bis 45 Euro deutlich teurer. *Mo–Fr 12–17 u. ab 18, Sa ab 18 Uhr | Burchardstr. 13c | Tel. 33 75 61 | www.slowman.de | U 1 Meßberg | Altstadt*

Insider Tipp **THANG LONG** [140 C5]
Vietnam muss irgendetwas mit Vitaminen zu tun haben, auf diesen Gedanken könnte man zumindest im Thang Long kommen. Herrlich fruchtige Salate mit Mango, Papaya und Minze sind gut gegen Hamburger Wetterblues. Was der flinke Service auf die hellen Tische stellt, ist bunt oder wärmt ordentlich auf, wie etwa der Ingwertee mit frischen Orangenstückchen oder die Sommerrollen mit Früchten, Gemüse, Garnelen, frischen Kräutern und Fleisch. Gerichte wie diese kosten um 6 Euro, in Anbetracht der Qualität supergünstig. *Mo–Do 11.30 bis 16, 18–22 Uhr,*

CLEVER!

> Gutes in Betriebskantinen

Neben den schon erwähnten öffentlichen Locations wie der Oberhafenkantine und der River View Kantine gibt es auch Betriebskantinen, die für alle zugänglich sind; die Preise liegen in der Regel zwischen 1,10 (Suppe) und 6 Euro (Fleisch- und Fischgerichte), geöffnet ist meist zwischen 12 und 14.30 Uhr. Am meisten gelobt wird die Kantine der Behörde für Stadtentwicklung und Umwelt *(Stadthausbrücke 8)*, vielleicht, weil man dort noch Paternoster fahren kann. Die schickste Location lockt im ersten Stock des Axel Springer Verlags, dafür ist sie allerdings auch etwas teurer *(www.paparazzi-restaurant-hamburg.de)*. Die Kantine der HHLA gilt als die schönste, weil sie in der Speicherstadt auf einem der historischen Speicherböden liegt (*Holländischer Brook 3/4, Block U*). In den meisten Kantinen wird für fremde Besucher oft ein Zuschlag fällig, der zwischen 36 Cent und 1,90 Euro liegt – damit sind die Betriebsrestaurants aber immer noch eine bezahlbare Alternative!

Fr, Sa 11.30–16, 18 bis 23 Uhr | Grindelallee 91 | Tel. 68876621 | Bus 4, 5 Grindelhof | Rotherbaum

TONNE TAG & NACHT [152 C3]

Kaum mag man es glauben, wenn man in der grauen Wohnstraße aus dem Bus steigt, dass gleich um die nächste Ecke dieses gemütliche und liebevoll gestaltete Haus so idyllisch am Kanal liegt. Ein buntes Völkchen aus Wilhelmsburger Originalen, Familien mit Kindern, Hipstern und Studenten treibt sich hier zu Jazz, Bossa, Soul und Livekonzerten herum. Im Haus locken dicke Holzbänke, gemütliche Sessel und Sofas und viele Bücher zum Abspannen. Draußen sitzen Menschen bei romantischer Stimmung auf Bierbänken und Liegestühlen und genießen günstige frische Pizza (ab 3,50 Euro) zum Bier ab 2,30 Euro. *Mo–Fr ab 14, Sa bis So ab 12 Uhr | Am Veringhof 13 | Tel. 80007006 | www.tonne.cc | Bus 13 Mannesallee | Wilhelmsburg*

SELBSTBEDIENUNG

KUMPIR KÖNIG [140 C5]

Klar, die Kartoffel ist ein äußerst vielseitiger Genuss. Man kann sie braten, frittieren, kochen und backen, kalt oder warm essen. So wie im Kumpir wird der leckere Erdapfel aber selten serviert: als große Backkartoffel aufgeschnitten, das Innere mit einem Klecks Crème fraîche oder gesalzener Butter und geriebenem Käse verrührt, oben drauf kommen je nach Wahl Gemüse, Fleisch, Soße, frische Kräuter oder alles zusammen. Nahrhaft, lecker und bei einem Grundpreis von 2,30 plus Extras mit maximal 4 Euro auch richtig günstig. *Tgl. 11–22 Uhr | Grindelhof 8 | Tel. 41352341 | Bus 4, 5 Grindelhof | Rotherbaum*

VAPIANO [130 C2]

Das Vapiano ist ein Selbstbedienungsrestaurant, hektisch und ungemütlich ist es trotzdem nicht. Es macht sogar Spaß, sich die Zutaten für Pasta, Salate und Pizza am langen Tresen selbst auszusuchen. Die Preisgruppenaufteilung von A bis D erinnert etwas an die Gruppen der Fußball-WM, ab 6,25 Euro darf mitgespielt werden. *Mo–Sa 11–24, So 12–24 Uhr | Hohe Bleichen 10 | Tel. 35019975 | U2 Gänsemarkt | Neustadt | Weitere Filiale: Kurze Mühren 20 | Neustadt | Rothenbaumchaussee 76 | Rotherbaum*

BULLEREI DELI [148 B2]

In Tim Mälzers und Patrick Rüthers Restaurant Bullerei, zentral zwischen Messe und Schanzenviertel gelegen, lässt sich große Küche auch mit (relativ) kleinem Geldbeutel genießen. Wer die Kochkunst von Mälzer und Team erleben möchte, geht einfach mittags möglichst früh ins Bullerei-Deli, denn Reservierungen werden dort nicht angenommen. Dann darf in den historischen Hallen geschlemmt werden. Die meisten Gerichte kosten zwischen 6 und 15 Euro, Lasagne Bullerei-Style z. B., oder Römerherzensalat mit Parmesan-Ei-Dressing und Brot, danach ein Apple Crumble zu 4,80 Euro. Die Karte wechselt, ein Alster kostet gerade mal 2,50 Euro. *Tgl. 11–24, Mittagstisch Mo–Fr 12–15 Uhr | Lagerstraße 34 b | Tel. 33 44 21 10 | www.bullerei.com | S 11, 21, 31, U 3 Sternschanze | Schanzenviertel*

FILLET OF SOUL [131 F4]

Dieses moderne Restaurant bei den Deichtorhallen ist bekannt für seine kreativen Gerichte. Und dafür, dass hier in lässiger Atmosphäre Hochklassiges preisgünstig auf die Teller kommt. Natürlich auch in die Gläser: Im Fillet of Soul stehen Weine zur Auswahl, die sonst wahrscheinlich in ganz Hamburg nicht zu bekommen sind. Tipp: Wer ab 18 Uhr speist und vor 20 Uhr die Rechnung ordert, bekommt 15 Prozent Rabatt. Noch günstiger wird es zum Mittagstisch: 10 Euro kosten dann etwa gebratenes Doradenfilet mit feinen Kartoffelscheiben, Thymianpilzen und Salsa Verde – klasse! *Mo 11–15, Di–Sa 11–24, So 11–18 Uhr | Deichtorstr. 2 | Tel. 70 70 58 00 | www.fillet-of-soul.de | U-und S-Bahn Hauptbahnhof | Klostertor*

HENSSLER & HENSSLER [147 F4]

Vater Werner und die beiden Söhne Steffen und Peter Henssler servieren im coolen Ambiente am Hafen ihre Cuisine Pacifique samt den besten Sushi jenseits von Nippon. Auch hier gilt: Mittags ist die feine Küche schon mal bezahlbar, so kitzeln z. B. Tempura von Black Tiger Garnelen zu 12 Euro, Loup de Mer vom Grill für 19,50 Euro und als i-Tüpfelchen das Kokosparfait mit Passionsfrucht zu 8,50 Euro den Gaumen. Alles knack-

LUXUS LOW BUDGET

frisch, alles superlecker, und am Nebentisch sitzt auch schon mal ein Promi. *Mo–Sa 12–15 und 18–23.30 Uhr | Große Elbstraße 160 | Tel. 38 69 90 00 | www.hensslerhenssler. de | Bus 383 Sandberg | Altona*

REXRODT [149 F1]
Das Rexrodt ist eine elegante Location, und mittags ist der Schick sogar bezahlbar – wenn es etwa Coq au Vin oder Lachsfilet auf Möhren zu je 10 Euro gibt. Fürs Lunchmenü mit Vorspeise (Suppe, Salat oder Sülze) und Dessert (etwa warmer Birnencrumble mit Eis) und einem Getränk werden 18 Euro verlangt – gut angelegt. *Mo–Do 12–15, 18.30–23, Fr 12–15, 18.30–23.30, Sa 18.30–23.30 Uhr | Papenhuder Straße 35 | Tel. 22 97 19 8 | www.restaurant-rexrodt.de | Bus 6, 37, 172, 173 Mundsburger Brücke | Uhlenhorst*

Feine Küche, mittags bezahlbar: Henssler & Henssler

> Kleine preiswerte Geschäfte, günstige Designershops: Hier steht, wo Sie billig einkaufen können

Flanieren am Jungfernstieg, ein Bummel durch die Designershops in Winterhude und Eppendorf oder Stöbern in den urigen Antiquitäten- und Souvenirläden nahe bei den Landungsbrücken – keine Frage, Hamburg ist das Shopping-Highlight des Nordens. Da ist es natürlich klar, dass auch viele günstige Gelegenheiten auf den Reisenden (und den preisbewussten Hanseaten) warten. Rund 20 000 Unternehmen sind im Einzelhandel tätig, darunter viele Secondhand-Läden, kleine preiswerte Geschäfte, aber auch Ableger größerer Ketten, die mit günstigem Sortiment und Sonderangeboten locken. Dazu kommen typisch hanseatische Unternehmen wie die urige Flaschenschiff-Manufaktur „Buddel-Bini“ oder das kleinste Kaufhaus diesseits des Ozeans mit Discount-Tarifen. Und natürlich Hamburgs verlockende Märkte, allen voran der Fischmarkt direkt unten am Hafen – wer nicht einmal eine Samstagnacht auf dem Kiez durchgemacht und anschließend auf dem Fischmarkt seinen Kaffee (oder ein letztes Bier) getrunken hat, der hat Hamburg verpasst. Auf den folgenden Seiten nennen wir Shopping-Highlights sowie gute preisgünstige Spezialisten, die man alleine kaum findet.

SHOPPEN

ACCESSOIRES & MODE

HUMANA SECOND HAND [152 C4]

Mit kleinem Budget kräftig shoppen und dabei noch etwas Gutes für die Umwelt tun, geht das? Der Harburger Ableger der Secondhand-Kette „Humana" macht's möglich und bietet eine breite Auswahl an preiswerter Damen-, Herren- und Kindermode: Jackets ab 12, Handtaschen ab 4, Mützen und wunderbar flauschige Schals ab 3 Euro, die Preise machen dem Namen des Shops wirklich alle Ehre. Weil alles, was länger als vier Wochen im Laden bleibt, nochmals reduziert wird, lohnt es sich immer wieder, in den offen gestalteten, lichtdurchfluteten zwei Etagen nach Schönem und Nützlichem zu stöbern. *Mo–Fr 10–19, Sa 10–18 Uhr | Bremer Str. 2a | Tel. 32808937 | www.humana-second-hand.de | S3, 31 Harburg Rathaus | Harburg*

KLEIDERMARKT [147 F2]

Die Auswahl an Secondhand-Artikeln ist riesig: Strohhüte, Krawatten, Schuhe, Gürtel und ganze Container voller Handtaschen warten hier auf ihre Kunden. Das Personal ist freundlich und berät cool, die rockige Musik passt wunderbar zum rustikalen Holzkistenambiente. Qualität und Klasse der Ware sind sehr unterschiedlich, das Preis/Leistungsverhältnis stimmt aber fast immer. Die meisten Handtaschen z. B. sind schon ab 10, Gürtel für 4 Euro zu haben. Und während der Happy-Hour am Mittwoch gibt es noch einmal 30

Prozent Rabatt. Also nix wie hin. *Mo–Fr 11–19, Sa 11–18, Happy-Hour Mi 11–16 Uhr | Max-Brauer-Allee 174 | Tel. 4394328 | www.kleidermarkt.de | S11, 21, 31 Holstenstraße | Altona*

RUDOLF BEAUFAYS **[130 C2]**

Soll's mal was Besonderes sein? Dann sind Sie hier richtig: very british, dieser Shop! Auf zwei Etagen wird hier klassische Mode von der Insel aus zweiter Hand angeboten. Auch wenn man schon einen ganz eigenen Geschmack haben muss, um sich für die Tweed und Karoklamotten zu erwärmen – Preise und Qualität können manch Zauderer überzeugen. Ob Cordsakkos für 35, Trenchcoats für 50 oder Tweedsakkos ab 35 Euro, an guter und günstiger Ware mangelt es garantiert nicht. Warum also nicht mal original British? *Mo–Fr 12–18, Sa 11–16 Uhr | Büschstraße 9 | Tel. 35715977 | www.rudolf-beaufays.de | U2 Gänsemarkt | Neustadt*

VINTAGE & RAGS **[131 E2]**

Hier heißt es „love it or hate it", denn entweder man steht auf die knallbunten Outfits der späten 60er und 70er

CLEVER!

> DRK-Second-Hand-Shop

Wer sich wirklich günstig einkleiden will, ist hier richtig – und tut sogar noch was für eine gute Sache: In diesem Laden des Deutschen Roten Kreuzes wird Kleidung nach Gewicht verkauft, ein Kilo kostet 12 Euro. Es gibt aber auch hochwertige Einzelstücke und Ein-Euro-Ware zu erwerben. Der Verkaufserlös kommt der Arbeit des DRK zu Gute. Für den schmalen Geldbeutel bietet sich also nicht nur die Möglichkeit, anständige Textilien für wenig Geld zu bekommen, man unterstützt zudem einen gemeinnützigen Träger. Dass die Qualität der Ware dabei unterschiedlich ausfallen kann, versteht sich von selbst – ein paar Schnäppchen sind aber immer dabei. Wichtig: unbedingt genug Zeit mitbringen zum Stöbern. *Mo–Fr 10–18.30, Sa 10–16 Uhr | Neue Große Bergstraße 4–6 | www.drk-hamburg.de | S 1, 2, 3, 11, 31 | Altona* oder eben nicht. Wer aber Freude an etwas abgedrehter Mode hat, der kann in diesem Geschäft glücklich werden. Ob Handtaschen, Retrokleider, Uniformhemden oder Trainingsjacken ab 20 Euro, es ist einfach unglaublich, was für Klamotten sich hier auftreiben lassen. Auch wenn bestimmt nicht alles alltagstauglich ist, für die nächste Motto-Party findet sich bestimmt was passendes. Und da alles Secondhand-Ware ist, wird der Einkauf garantiert nicht zu teuer ausfallen. *Mo–Fr 11–20, Sa 10–20 Uhr | Kurze Mühren 6 | Tel. 33 01 07 | www.vintage-rags.de | S- und U-Bahn Hauptbahnhof | Altstadt*

KULINARIEN

BACK-FACTORY [147 E3]

Ob man nun ein Fan von Selbstbedienungsbäckereien ist oder nicht – eine Alternative zu den üblichen Schnellrestaurants sind Sie allemal. Und ihr Preisgefüge spricht eine überzeugende Sprache. Ein gutes Beispiel fürs gelungene Konzept ist der Shop in Ottensen (es gibt vier weitere in Hamburg): an der Qualität gibt's nichts auszusetzen, die Ware ist frisch, die Auswahl groß und das Personal des Ladens stets freundlich. Und: Brötchen ab 17 Cent und die Tasse Kaffee für 99 Cent spielen preislich in einer ganz eigenen Liga – da sind die Sitzecken der Back-Factory beim typischen Hamburger Schmuddelwetter ein guter Platz für die kleine Pause. *Mo–Fr 6–20, Sa 7–20, So 8–18 Uhr | Ottenser Hauptstraße 11 | Tel. 28 80 27 01 | www.back-factory.de | S 1–3, 11, 31 Altona | Ottensen*

BIO-SUPERMARKT TJADEN'S [139 F4]

Sind Sie länger als Selbstversorger in Hamburg und wollen sich mal etwas besonders Gesundes gönnen? Obst und Gemüse sind hier so frisch, dass keiner extra zum Bauern aufs Land fahren muss. Der Laden ist geräumig und hat eine freundliche Atmosphäre, und preislich muss der Vergleich zum gewöhnlichen Supermarkt nicht gescheut werden – wo sonst gibt es schon die Flasche Bionade für 75 Cent? Neben Lebensmitteln werden auch Heilmittel aller Art verkauft und es gibt sogar eine recht gut sortierte Vinothek; dazu kommt ein ausgeklügeltes Pfandsystem. Also: Wer fürs Urlaubsapartment gesunde Kost zu günstigen Tarifen sucht, der ist hier genau richtig. *Mo–Sa 9–21 Uhr |*

Fruchtallee 136 | Tel. 43 09 43 40 | www.tjadens-biomarkt. de | U2 Emilienstraße | Eimsbüttel

EUROWEINKONTOR [149 E3]

Wer auf der Suche nach einem flüssigen Mitbringsel ist und dabei edlen Tropfen aus Europa den Vorzug gibt, dürfte hier fündig werden. Zumal einem die Entscheidung recht leicht gemacht wird: Bei der mehrmals im Jahr stattfindenden Weinverkostung ist jeder willkommen und darf sich durch eine Auswahl von vielen verschiedenen Kreszenzen probieren – vollkommen gratis. Die genauen Termine finden Sie auf der Website, da können Sie auch gleich einen Blick in den gut sortierten Onlineshop riskieren. *Mo–Fr 11.30–19, Sa 10–16 Uhr | Danziger Straße 37-39 | Tel. 49 22 26 00 | www.euroweinkontor.de | U1 Lohmühlenstraße | St. Georg*

Insider Tipp

GOLDBEKUFER WOCHENMARKT [141 E2]

Insider Tipp

Wer auch im Urlaub zwischendurch gern mal knackiges Obst nascht, sollte sich hier umschauen: Viele Eigenerzeuger aus dem Alten Land sorgen für Qualität und Frische. Das Angebot reicht von Obst- und Gemüsespezialitäten über die Leckereien der Pastafrauen bis hin zu köstlichen Tartes, vom Glückstädter Matjes für 1 Euro das Stück bis zum Päckchen Ostfriesentee (100g 3,30 Euro), das gleich als Mitbringsel dient. Wie auf anderen Märkten gilt: Feilschen ist nicht nur erlaubt, sondern erwünscht – wer sich traut, kauft günstiger. *Di, Do, Sa 8.30–13 Uhr | Goldbekufer | U3 Borgweg | Winterhude*

RINDCHEN'S WEINKONTOR OUTLET [147 E4]

Ein Paradies für Weintrinker und Sparfüchse, direkt am Fischmarkt: Im Outlet des Weinhändlers Rindchen's Weinkontor werden edle Tropfen, von denen in den Filialen nur noch wenige Flaschen vorhanden sind, zwischen 10 und 70 Prozent reduziert verkauft! Klar, dass sich hier echte Schnäppchen machen lassen – bei hervorragender Qualität. Tipp für zu Hause: Jeden dritten Donnerstag im Monat werden exklusiv auf der Internetseite Weine zu 2/3 des Originalpreises angeboten. Dort wartet auch eine Fundgrube, wo's Restposten noch günstiger gibt! *Mo–Fr 11–19, Sa 10–16 Uhr | Große Elbstraße 135 | Tel. 30 06 09 00 / www.rindchen-outlet.de | Bus 383 Van-*

Bild: Allerlei Gutes für wenig Geld – Wochenmarkt am Goldbekufer

BiO
eutscher
prika
&
mburger
uskat

der-Smissen-Straße | Altona | Onlineshop: www.rindchen.de

ST. PAULI FISCHMARKT **[148 A4]**

„Dat giwt nix wat op'n Fischmarkt nich to kriegen ist!" Die Traditions-Location unten am Hafen mit ihren Marktschreiern, dem bunten Angebot und der Fischauktionshalle gehört nach einer durchzechten Nacht auf der Reeperbahn zum Pflichtprogramm vieler Hamburgbesucher. Tipp: gegen halb zehn, kurz vor Marktschluss, werden viele Leckereien besonders günstig verschleudert. *April–Okt. So 5–9.30 Uhr, Nov.–März So 7–9.30 Uhr | St. Pauli Hafenstraße/St. Pauli Fischmarkt/ Große Elbstraße | www.hamburg.de/ fischmarkt / S 1–3, U 3 Landungsbrücken | St. Pauli*

OUTLETS

OLSEN OUTLET **[139 D3]**

Schnäppchenjäger finden im Outlet der Modefirma Olsen hübsche Strickjacken, -pullover und -pullunder, aber auch klassische Blusen, Kleider und T-Shirts, warme Winterjacken, Business-Hosen und Gürtel.

Ramsch suchen Sie hier vergebens, die Kleidung ist hochwertig und sehr gut verarbeitet. Meist kosten die Kleidungsstücke nur die Hälfte des Ladenpreises, manchmal sogar noch weniger, auch reduzierte Ware der Marken Rosner, Atelier Gardeur, Marc Aurel und Claudia Sträter ist zu haben. Der hell und übersichtlich eingerichtete Laden liegt in einem Industriegebiet in Bahrenfeld und ist von Montag bis Freitag gut mit dem Bus zu erreichen. Am Samstag bleibt Ihnen nur die Anfahrt mit dem Auto oder ein etwa 30-minütiger Fußweg von der S-Bahnhaltestelle Diebsteich – echte Sparfüchse hält das sicherlich nicht auf. *Mo–Fr 11–19, Sa 10–18 Uhr | Schnackenburgallee 52 | www.olsenfashion.com | Bus 180 Rondenbarg, S 3, 21 Diebsteich | Bahrenfeld*

T. K. MAXX **[142 A4]**

In der Einkaufsmeile Hamburger Straße erstreckt sich dieses Shopping-Paradies über zwei großflächige Etagen. Nach dem Motto des Geschäfts „Was weg ist, ist weg" gibt es hier Klamotten & Co von bekannten Marken zu dauerhaft 60 Prozent günstigeren Preisen. Auf teure Dekoration wird verzichtet, dafür reihen sich Kleiderständer an Kleiderständer, die mit bepackten Schuhregalen und Wänden voller Taschen konkurrieren. Wer die Geduld hat, sich durchzuwühlen, findet kleine Wunder: Puma-Schuhe für 35, die Betty-Barclay-Lederjacke für 99,99 oder schöne Ledertaschen von Fossil für 35 Euro. Wer's günstiger mag, muss nicht zu den ganz großen Marken greifen: Schöne Shirts und Frauenhüte gibt es bereits ab 7,99, Herrenhemden ab 12 Euro. Auch Haushaltswaren für Küche und Bad, Dekoration, Kinderklamotten und -spiele ab 2,99 Euro kann man finden – da ist für jeden das richtige Schnäppchen dabei. *Mo–Sa 10–20 Uhr | Hamburger Straße 27 | Tel. 20 76 96 80 | www.tkmaxx.de | U3 Mundsburg | Mundsburg*

SOUVENIRS

BUDDEL-BINI **[141 D1]**

Wenn ein Mitbringsel aus Hamburg gefragt ist und es dann ein Buddelschiff sein soll, leisten Sie sich die kleine Exkursion in die Barmbeker Straße. Dort residiert in völlig hafenfernem Ambiente das Familienunternehmen der Familie Binikowski,

Mark Pfennig
NATIONAL
NATIONAL

heute geführt von den drei Töchtern des Hauses. Ihr Vater gründete das Geschäft 1976, lebt heute die meiste Zeit des Jahres bei seiner Frau auf den Philippinen und überlässt das Buddelschiff-Zusammenbauen dem Nachwuchs. Die Schiffe sind preiswert ab 4,50 Euro zu haben und von guter Qualität. *Mo–Fr 10–18, Sa 10 bis 14 Uhr | Barmbeker Straße 171 | Tel. 46 28 52 | www.buddelbini.de | U 3 Sierichstraße | Winterhude*

HAMBURGS KLEINSTES KAUFHAUS [147 D3]

Kaufhäuser haben es derzeit nicht leicht, der Trend geht eher zur coolen Shopping-Mall oder zum preisaggressiven Filialisten. Hamburgs kleinstes Kaufhaus bleibt davon völlig unberührt. Im kunterbunten Ottensen brummt es zufrieden vor sich hin, bietet in den fünf verwinkelten Räumen einer Altbauwohnung vornehmlich Dinge, wie man sie in den 1970er Jahren oder früher geliebt hat. Vom alten Tafelgeschirr über Silberbesteck, Likörgläschen, Lampen bis hin zu Textilien und Taschen ist alles zu haben, das Preisspektrum liegt zwischen 50 Cent und 1000 Euro (Letzteres für einen Kronleuchter aus Messing), mit klarer Tendenz zum unteren Level. Der Chef und seine Lebensgefährtin bedienen selbst, das ganze ist billig und urgemütlich. Schön zum Stöbern und eine Fundgrube für Kuriositäten, gut als Mitbringsel für Daheim. *Mo–Fr 10 bis 18.30, Sa 10–14 Uhr | Bahrenfelder Straße 207 | Tel. 3 90 34 85 | Bus 2, 150 Friedensallee | Ottensen*

SPASS & SPORT

ANDERS HÖREN [141 D1]

Günstigen Musikgenuss verspricht dieser Shop: LPs und CDs aus vielen Bereichen, dazu Hörbücher und wohl Hamburgs größte Auswahl an neuen und klassischen Hörspielkassetten – im Angebot von „anders hören" ist garantiert für jeden Geschmack was dabei. Diverse LPs sind ab 4, „REM Best of Limited" etwa für 15 Euro zu haben, neben DVDs gibt's auch noch Taschenbücher und Comics für wenig Geld. Da der Laden regelmäßig neue Scheiben aus dem Ausland importiert, lassen sich hier echt günstige Raritäten ergattern! *Mo–Fr 10 bis 21, Sa 9–18 Uhr | Hudtwalckerstraße 26 | Tel. 41 62 58 95 | www.anders-hoeren.com | U1 Hudtwalckerstraße | Winterhude*

Bild: Schöne Sachen aus alten Tagen – Hamburgs kleinstes Kaufhaus

FAHRRAD-GEBRAUCHTMARKT HAMBURG [140 B4]

Ob alltagstaugliches City-Bike oder ausgefallener Feuerstuhl: Im Fahrrad-Gebrauchtmarkt finden Sie sicherlich das passende Rad. Rolf Peters verkauft seit rund 20 Jahren Fahrräder – das passt zur Lage im Studentenviertel. Im Angebot sind moderne Rennräder und einige Oldtimer aus den 1970er-Jahren. Echte Sammlerstücke gibt es bei den Hollandrädern. Alle Velos erhalten ein Jahr Garantie, der günstigste Drahtesel kostet 90 Euro. Es werden auch Reparaturen durchgeführt. *Mo–Fr 10–18, Sa 10–14 Uhr | Grindelallee 168 | Tel. 38 64 92 00 | www.fahrradgebrauchtmarkt-hamburg.de | U 2, 3 Schlump | Rotherbaum*

Insider Tipp

KULTURBUCH [148 C1]

Ein ungewöhnliches Shopping-Gefühl bietet der winzige Erlebnisladen am Grindel, und das bereits seit 25 Jahren. Auf ein paar wenigen Quadratmetern stapeln sich Berge von Filmbüchern aus den 1960er-, 70er und 80er-Jahren, dazu Postkarten, Schallplatten, Romane und Starfotos. Mit etwas Zeit lassen sich ungeahnte Schätze entdecken, z. B. afrikanische Kunstbände oder aus den USA importierte Filmposter, die es wohl nirgendwo sonst in Norddeutschland zu kaufen gibt. Das ganze zu super günstigen Preisen: Bücher kosten ab 0,50, Postkarten ab 1, Poster ab 2 Euro. *Mo–Fr 11.35–18.35 Uhr, Sa 10–open end | Grindelallee 83 | Tel. 45 25 25 | www.facebook.com/KulturBuch | Bus 4 und 5 Grindelallee | Eimsbüttel*

SPORT TAUSCH [140 C1]

Hier können Sie nicht nur günstig einkaufen, sondern eventuell sogar Geld verdienen: Wenn Sie Ihre Roller Skates nach dem Urlaub nicht wieder mit nach Hause schleppen wollen, sind die bei Sport Tausch prima untergebracht – gut erhaltene gebrauchte Sportartikel werden auf Kommission oder gleich gegen Bares angenommen. Die Qualität des Angebots ist meist gut, die Preise sind in der Regel moderat: So sind z. B. tolle Nordic Walking Stöcke schon ab 29 Euro zu haben. *März–Okt. Di–Fr 10–18.30, Sa 10–13 Uhr, Nov.–Feb. Di–Fr 10–18.30, Sa 10–15 Uhr | Eppendorfer Marktplatz 15 | Tel. 48 88 37 | www.sporttausch.com | U 1 Hudtwalckerstraße | Eppendorf*

SECONDELLA

SECOND HAND **SECOND SEASON** **MEN** **WOMEN** **KIDS**

Im historischem ABC-VIERTEL mit seinen exclusiven Lifestyle- und Designerläden bietet **SECONDELLA** auf über 450qm Edles von Louis Vuitton, Chanel und Hermès, Must-Haves von Gucci, Bottega Veneta, Prada, Marc Jacobs, Jil Sander und Trendlabel wie Isabel Marant, Marni und viele weitere an. Ob Damen-, Herren- oder Kindermode, Schuhe, Accessoires und Designertaschen, nahezu jeder Traum von edlen und schönen Dingen kann hier zu moderaten Preisen in Erfüllung gehen. Das Sortiment wird regelmäßig durch akuelle Second Season Highlights aus Italien ergänzt.

Diese einzigartige Mischung aus aktuellen Trends entsteht durch die Vielfalt an Designerschätzen, die private Lieferanten aus der ganzen Welt zu SECONDELLA bringen.

Im **SECONDELLA DEPOT** sind die sportlicheren und jüngeren Label wie Paul Smith, Marlene Birger, Schumacher, Ralph Lauren, Closed, Marc by Marc Jacobs und Velvet zu sehr günstigen Preisen vertreten. Designer-Kindermode und einen **ständigen Sonderverkauf** gibt es im 1. Stock.

Hohe Bleichen 5 • 20354 Hamburg • ABC-Viertel

040 - 35 29 31 • www.secondella.de • shop@secondella.de

D'OR [140 C3]

Einer der schönsten und bestbestückten Nobel-Secondhand-Läden Hamburgs liegt mitten in Eppendorf: Hier sind all die teuren Stücke zu finden, die von ihren Vorbesitzerinnen nur ein oder zweimal getragen wurden, etwa Prada-Blusen ab 90 oder Prada-Taschen ab 290 Euro. Von Gucci über Donna Karan bis Chloé, von Chanel über Dolce & Gabbana bis Hermès – so gut wie keiner der großen Designer fehlt im Angebot. Das Tolle: Die meisten Stücke sind nicht älter als eine Saison, manche sogar aus aktuellen Kollektionen. *Mo–Fr 10–19, Sa 10–18 Uhr | Eppendorfer Baum 6 | Tel. 46 88 19 63 | www.d-or.de | U 1 Klosterstern | Eppendorf*

FASHION ART [146 C2]

Hier finden Frauen alles für den großen Auftritt: lange Abendkleider aus fließenden Stoffen, ausgefallene Cocktailkleider und das passende Zubehör wie Boleros und Stolen. Die Preise können sich wirklich sehen lassen, denn die eleganten Stücke sind oft um die 50 Prozent, manchmal sogar noch stärker reduziert. Richtig schicke Abendmode bekommen Sie für 150 bis 200 Euro, einige Cocktailkleider schon für 49 statt 139 Euro, und das rote Paillettentop für sagenhafte 9,90 Euro möchten Sie wahrscheinlich gar nicht wieder ausziehen. Die Nobelteile stammen meist von deutschen Designern – teilweise sind die Etiketten herausgetrennt oder die Kleider werden unter der Hausmarke vertrieben. *Fr 12–20, Sa 10–18 Uhr | Gasstraße 8–16 | Tel. 33 31 07 95 | www.fashionart-abendmode.de | S 1, 11 Bahrenfeld | Bahrenfeld*

OLIVER GREY OUTLET [134 B4]

Ob Gordon & Bros, van Bommel, Prime Shoes oder Paul Smith, die rahmengenähten Schuhe namhafter Hersteller und der Hausmarke werden hier bis zu 60 Prozent unterm üblichen Ladenpreis offeriert. Die Tarife bewegen sich meist im Bereich von 80 bis 230 Euro, die Beratung durch die kompetenten Verkäufer ist ausgezeichnet. *Mo–Sa 10–20 Uhr | Nedderfeld Center, Nedderfeld 70 | Tel. 46 77 63 88 | www.olivergrey.com |Bus 281 Nedderfeld Center | Eppendorf*

LUXUS LOW BUDGET

SECONDELLA **[130 C2]**
Dieser 1970 gegründete Secondhand-Laden liegt mitten im ABC-Viertel, einer erstklassigen Adresse für exklusive Shoppingtouren. Er gehörte zu den ersten seiner Art in Hamburg und ist noch immer absolute Spitze, wenn es um edle Designerklamotten und hochwertige Accessoires aus zweiter Hand geht. Ob verspieltes Abendkleid von Marc Jacobs oder Handtasche von Hermès, es macht Spaß, einen Blick auf die Auslagen zu werfen. Und wenn beim Stöbern auf der Website ein Stück besonders gut gefällt, kann es gleich per Mail reserviert werden, zum Beispiel bezaubernde silberfarbene Pumps von Burberry für 245 Euro oder die coole Wollmütze von Galliano für 55 Euro. *Mo–Fr 10–19, Sa 10–18 Uhr | Hohe Bleichen 5 | Tel. 35 29 31 | www.secondella.de | S 1–3, U 1, 2 Jungfernstieg | Neustadt*

Insider Tipp

Schickes Outfit aus zweiter Hand: Secondella

> Das Nachtleben beginnt im Sommer gerne schon mittags – für lau. Später wird's dafür um so heißer

Für ganz Hamburg gilt: Im Sommer findet das (Nacht-)Leben, besser gesagt das Freizeitleben, gerne gut und günstig auf offener Straße statt, und zwar wenn möglich schon ab der sonnigen Mittagszeit. Hanseaten lieben eben Sonne und Wärme, Herbst und Winter sind im Norden der Republik lang genug. Die Kneipenstühle stehen auf den Gehsteigen und der Kioskhandel blüht. Vor allem in Ottensen und im Schanzenviertel gehört es dazu, abends auf den Plätzen zu sitzen und Bier aus dem Tabakladen zu trinken – das ist cool und kommt billig. Zwischen 18 und 21 Uhr locken viele Bars in den Szenestadtteilen mit tollen Preisen zur Happy Hour. Später geht's dann richtig heiß her, was nicht immer teuer bedeuten muss – selbst auf der Reeperbahn kann man kostengünstig Spaß haben. In Sachen dicke Raucherluft gilt folgende Regel: Wird Essen angeboten, muss es einen separaten Raucherraum geben, oder es darf nicht gequalmt werden. In kleineren Kneipen und Bars, in denen es ausschließlich Drinks gibt, dürfen Aschenbecher aufstellt werden. In größeren Etablissements müssen Raucher ins Extrazimmer oder sie sagen sich auf gut hamburgisch: Lasst uns lieber draußen eine schmöken!

NACHT LEBEN

BARS & CAFÉS

BLAUES BARHAUS [147 D3]

Von Nachtschwärmern heiß geliebt wird das Barhaus in Ottensen. Das dunkelblau angemalte Hutzelhäuschen mit der orangefarbenen Lampe an der Tür sollte schon Neubauten Platz machen, doch nun bleibt es stehen – bis mindestens 2014. Das bunt gemischte Publikum (alles von 20 bis 50) genießt umso mehr die erfreulich unkomplizierte Atmosphäre und die besten Drinks des Viertels mit frischem Limettensaft und leckeren Fruchtpürees. Bei den Blue Days (Sonntag und Montag) gibt es Cocktails und Longdrinks für nur 6 Euro, zum Wochenende (Donnerstag bis Samstag) thronen auf der Glasplatte über dem Tresen die Haus-DJs und heizen mit Tanzmusik ein. *Tgl. ab 18 Uhr | Große Brunnenstr. 55 | Tel. 7810200 | www.blaues-barhaus.de | Bus 1, 250 Große Brunnenstraße | Ottensen*

GLANZ & GLORIA [148 A4]

Kronleuchter, rote Samtvorhänge und stuckgeschmückte Decke – die Bar des Schmidts Tivoli ist ganz einfach stilvoll und kann trotzdem auch günstig sein. Donnerstags ab 21 Uhr wird die Location beispielsweise zum souligen Tanztempel beim beliebten Swing-Kiez, dann kann jedermann vorm Tresen das Tanzbein schwingen – der Eintritt ist frei. Auch die Swing-Drinks können sich sehen lassen: Martini-Cocktail, Cosmopolitan und Singapore Sling dürfen dann

Insider Tipp

schon für 5 Euro geschlürft werden, alkoholfreie Cocktails wie Shirley Temple kosten sogar nur 3 Euro. Toll: Das sind beinahe Preise wie im Vorort! *Mo–Do 18–2, Fr 18–5, Sa 14–5, So 14–2 Uhr | Spielbudenplatz 28 | Tel. 31 77 88c10 | S 1–3 Reeperbahn, U 3 St. Pauli | St. Pauli*

KULTURHAUS III&70 **[148 C2]**

Dieses Haus steckt voller Überraschungen. Tagsüber tummelt sich hier ein bunt gemischtes Publikum, von original Hamburger Schanzengängern über junge Familien bis hin zu internationalen Künstlern, DJs und Touristen. Abends wandelt es sich dann vom gemütlichen Café zu einem Mekka für Hip Hop/Raggae und Elektro/House/Alternativ-Partys. Top: Der Eintritt ist meist frei! Der verwinkelte Bau versteckt auf vier Stockwerken samt Keller zwei Clubs, einen Theatersaal, ein Zwischengeschoss, ein gemütliches Café und einen hauseigenen Kiosk mit allen „Naschis von Früher“. Das vielfältige Programm bietet vom Poetry Slam für Jedermann über die Übertragung von Bundesliga-Fuß-

Feine Bar im Szene-Stadtteil St.Georg: Kyti Voo

ballspielen und Tatort (jeden Sonntag um 20.15 Uhr) bis hin zum Mädchenflohmarkt eine ganze Bandbreite aus der Kulturszene. Ein besonderer Tipp ist der „Sunday Stomp“: ein kostenloser Swingtanzschnupperkurs jeden ersten Sonntag im Monat. *Mo bis Fr ab 9, Sa, So ab 10 Uhr | Schulterblatt 73 | Tel. 31975512 | www.dreiundsiebzig.de | S3, 21 Sternschanze | Bus 15 Schulterblatt | Sternschanze*

KYTI VOO [149 E2]

Vom zwielichtigen Bezirk am Hauptbahnhof zum angesagten Mode-Stadtteil – St. Georg hat den erstaunlichsten Imagewandel aller Hamburger Quartiere vollzogen, nicht zuletzt wegen der Gayszene, die hier dominiert. Entsprechend niveauvoll sind die Preise in den Bars und Cafés rund um die Flaniermeile Lange Reihe. Wer zu bezahlbaren Kursen mitten drin sein möchte, wählt etwa einen Platz im kosmopolitischen Kyti Voo, hier trifft sich halb St. Georg – im Winter an der Bar, im Sommer auf der Terrasse. Günstig wird das zur täglichen Happy Hour von 18 bis 22 Uhr, dann werden Sex on the Beach oder Mai Tai für 5,50 serviert. Wer keinen Platz mehr ergattert, weicht aus: Gleich nebenan serviert das simplere Grüneberg das Pils zu 2,40 Euro und ist dabei urgemütlich. *April–Okt. tgl. ab 10, Nov.–März Mo–Fr ab 12, Sa, So ab 10 Uhr | Lange Reihe 82 | Tel. 28055565 | www.kytivoo.de | U-/S-Bahnen Hauptbahnhof | St. Georg*

CLUBS & DISKOS

GROSSE FREIHEIT 36 [148 A4]

Das alte Parkett dieses wunderschönen Tanz- und Konzertsaals hat schon einige legendäre Nächte gesehen. Als eines der größten Feierhäuser auf St. Pauli bietet es ein vielfältiges Programm. So gibt es tolle Konzerte (z. B. Joss Stone oder Herbert Grönemeyer), für die die Karten (etwa 10 bis 35 Euro) noch erschwinglich sind. Tanzwütige finden im großen Saal Motto-Partys wie „2 für 1“ (zwei Personen für den Preis von einer, gilt für Eintritt und Getränke), „90s Reloaded“ oder „Studentenfutter-Nächte“ (50 Prozent für Studenten auf Eintritt und Getränke). Wer noch mehr Abwechslung haben will, kann im hauseigenen Kaiserkeller zu Rock, Gothik oder Hip Hop abgehen oder in der Galeria Latina

Insider Tipp

im ersten Stock die Hüften zu Salsa und Raggaeton schwingen. Der Eintritt variiert meist von äußerst günstigen 3 Euro bis umsonst, wenn man die große Halle umgeht. *Saal: Do–Sa ab 22, nach Konzerten ab 23 Uhr | Kaiserkeller: Mi–Sa ab 22 Uhr | Galeria Latina: Fr–Sa ab 23, in den Ferien Do ab 23 Uhr | Große Freiheit 36 | Tel. 3 17 77 80 | www.grossefreiheit36.de | S 1 Reeperbahn | St. Pauli*

STAGE CLUB **[147 F2]**

Soul, Jazz und Singer/Songwriter: Die Live-Konzerte im Stage Club haben Kultpotenzial. Die Location liegt etwas abseits in der Neuen Flora am Bahnhof Holstenstraße. Dafür sind die Eintrittspreise für oft hochkarätige Konzerte zivil (12 bis max. 30 Euro). Zum Warmtanzen bei der Swinging-Ballroom-Party jeden letzten Freitag im Monat (10 Euro) gibt's in dem schicken Musikclub einen kostenlosen Swing-Crash-Kurs. *Geöffnet nach Programm, Swinging-Ballroom-Party jeden letzten Fr im Monat ab 21 Uhr | Stresemannstr. 163 | Tel. 43 16 54 60 | www.stage-club.de | S 11, 21, 31 Holstenstraße | Altona*

KNEIPEN

DER CLOCHARD **[148 B4]**

Der Clochard gehört zu den derberen Kiezkneipen. Nicht hip ist es hier, sondern dunkel und rau – und wunderbar preiswert. Die Hamburger Autorin Tina Uebel wohnte viele Jahre im 4. Stock über dem Clochard und hat ihre Eindrücke in einer Kurzgeschichte beschrieben, Fazit: Charles Bukowski muss der Schutzpatron dieser Pinte sein. Bier (ab 1,70 Euro) und Spirituosen (Saurer 1,10 Euro) sind so billig, dass es sich viele Stunden sitzen lässt, sofern weder rauchgeschwängerte Luft, Rührseliges aus der Musikbox noch seltsame Gäste verstören. Schmalzbrote gibt es umsonst und der Clochard-Balkon mit Blick über die Reeperbahn ist wie der Schankraum 24 Std. geöffnet. Manche Morgendämmerung wurde schon von dort oben begrüßt. *Tgl. 0–24 Uhr | Reeperbahn 29 | Tel. 3 19 62 30 | www.derclochard.de | S 1–3 Reeperbahn, U 3 St. Pauli | St. Pauli*

FAMILIENECK **[147 D3]**

Tagsüber dominiert im ehemaligen Arbeiterstadtteil Ottensen die Cafékultur, am Abend bietet das Viertel charmantes Kneipenleben. Fans von

Regisseur Fatih Akin können rund um den Alma-Wartenberg-Platz die Originalschauplätze von Akin-Filmen entdecken, und über der Kneipe Familieneck wohnte der Regisseur früher selbst lange Zeit. Je nach Wochentag spielen DJs hier Soul, Funk oder Weltmusik. Astra kostet 2,20, Wein ist ab 3,90 Euro zu haben. Cocktails wie Mojito (6 Euro) und Moscow Mule (7 Euro) werden mit hochwertigen Spirituosen gemischt. Und immer mal wieder ist auch einer im Angebot, etwa ein Gin Basil für 5,50 Euro. *Tgl. ab 16 Uhr | Friedensallee 2 | Tel. 98 23 78 96 | Bus 2, 150 Friedensallee | Ottensen*

FREUNDLICH UND KOMPETENT **[141 F3]**

Die kreative Kneipe in Winterhude hat den kleinsten Beach-Club der Stadt aufgeschüttet, bot die ersten Bademäntel fürs Draußenrauchen an und ist auch weiterhin für überraschende Ideen zu haben. Die Chefs stemmen fast jeden Abend ein Event, seien es Live-Konzerte, Songwriter- oder Jamsessions (meist ab 20 Uhr). Eintritt verlangen sie nie, stattdessen schenken sie gut gelaunt Getränke aus, die Flasche Astra etwa zu 2 und den Hausschnaps Elbkick zu 1 Euro. Gute Gründe also für einen Besuch. *So–Fr ab 16, Sa ab 14 Uhr | Gertigstraße 57 | Tel. 37 41 31 62 | www.freundlichundkompetent.de | U3 Borgweg | Winterhude*

HAFENBAHNHOF **[147 D4]**

Wacker steht der Hafenbahnhof an der Perlenkette, dem zweiten betongewordenen Prestigeprojekt Hamburgs neben der HafenCity. In Nachbarschaft von Sushi-Bars und Nobelclubs wächst das urige, mittlerweile denkmalgeschützte Bahnwärterhäuschen zur In-Location heran. Die Kneipe bietet neben dem Schankgeschäft (mit zivilen Preisen, das Pils kostet 2 Euro) viel Kultur. Bei Soul- und Funk-Partys gibt's coole Musik auf die Ohren, die kleinen Livekonzerte sind oft jazzbetont, der Eintritt ist günstig – oder bisweilen auch ganz frei. *Eintritt bis ca. 7 Euro | Mo ab 20.30, Di–Fr ab 18, Sa ab 19, So ab 12 Uhr | Große Elbstraße 276 | www.hafenbahnhof.com | Bus 112, 383 Neumühler Kirchenweg | Altona*

SHAMROCK IRISH BAR **[148 B3]**

Ein gutes und kostengünstiges Rezept gegen Einsamkeitsanfälle im Hotelzimmer ist der Gang ins Shamrock. Die Kneipe gehört zum Hamburger Nachtleben wie der Dom gegenüber. Bei Tageslicht schaut es etwas oll aus, die Holzdielen mussten schon einige umgeschüttete Pints (0,4-Lager-Bier 3,80 Euro) aufsaugen. Doch die Atmosphäre ist gesellig, beim Pub-Quiz (Donnerstag, außer es spielt der HSV gegen Chelsea) rätselt die ganze Kneipe kostenlos mit – auf Englisch; wer allein am Tresen sitzt, kann sich einer Rätselgruppe anschließen. An den übrigen Tagen wird dem Fußball und Boxen via TV gefrönt oder Dart gespielt. *Di–Do ab 18, Fr ab 17, Sa, So ab 13 Uhr, Quiz Do ab 21 Uhr | Feldstraße 40 | Tel. 43 27 72 75 | www.shamrockirishbar. com | U3 Feldstraße | St. Pauli*

LIVEMUSIK

BIRDLAND [140 A3]

Dieser traditionsreiche Jazzclub im Keller eines unscheinbaren Wohnhauses ist Anlaufpunkt für ein genussfreudiges Publikum jeden Alters. Bei den kostenlosen Vocal (jeden ersten Mittwoch im Monat) und Jam Sessions (jeden Donnerstag) verschwimmt die Grenze zwischen Publikum und Künstler, jeder kann mitmachen. Und so manch eine spätere Jazz-Berühmtheit wie Art Blakey, Lee Konitz oder Clueso hat in dem vertäfelten kleinen Saal schon die dichte Atmosphäre genossen. Konzerte am Wochenende kosten günstige 10 bis 15, ermäßigt (etwa für Schüler und Studenten) 8 bis 12 Euro. Und auch für den kleinen Hunger zwischendurch ist gesorgt, etwa mit Gulaschsuppe zu 3,50 oder Schmalzbrot für 2,50 Euro. *Mo, Do 20.30–1.30, Sa, So 20.30–1.30 Uhr | Gärtnerstraße 122 | Tel. 40 52 77 | www.jazzclub-birdland.de | Bus 20, 25 Goebenstraße | Hoheluft-West*

GRÜNSPAN [148 A3]

Für alle, deren Eltern einst einer Jazzband angehörten und die in ihrer Kindheit eine Allergie dagegen entwickelt haben: Das Grünspan am Ausläufer der Großen Freiheit ist eine (fast) jazzfreie Zone. Stattdessen finden psychedelische, bluesige und natürlich Rockkonzerte zu total sozialen Tarifen statt – wo sonst bekommt man in den großen Musikclubs an der Reeperbahn ein Konzertticket für unter 20 Euro? Bier und Longdrinks gibt's reichlich, gut und günstig und die Clubpartys (Eintritt 6

Euro) dauern oft bis zum Morgen. *Geöffnet nach Programm, Konzerte ab 19, Clubs meist ab 22 Uhr | Große Freiheit 58 | www.gruenspan.de | S 1–3 Reeperbahn | St. Pauli*

MUSIC CLUB LIVE **[140 A5]**

Abseits vom Mainstream und garantiert handgemacht – im Live Music Club treten Bands, Singer-Songwriter oder Waschbrett-Solisten live auf. Der Club liegt etwas abseits vom szenigen Schanzenviertel an der Fruchtallee, gilt aber als eine der besten Live-Adressen der Stadt. Die Atmosphäre ist relaxt, vielleicht, weil der Altersdurchschnitt erfrischend gemischt ist (von 18–80 Jahren). Der Eintritt kostet selten mehr als 5 Euro, bei den Sessions (z. B. jeden ersten Freitag zur Bluegrass-Session) ist er sogar frei. Bei guter Stimmung greifen talentierte Gäste mitunter selbst in die Tasten. *Eintritt zeitweise frei | Mo–Sa ab 18 Uhr | Fruchtallee 36 | www.music-club-live.de | U2 Christuskirche | Eimsbüttel*

OPEN AIR

ALTONAER BALKON **[147 E4]**

Der kostengünstige Insidertipp für laue Sommerabende heißt Altonaer Balkon samt seiner Wiesen drum herum. Dort trifft sich im Sommer halb Altona zum Grillen, Chillen und Boule spielen. Die Atmosphäre ist entspannt, zum Sonnenuntergang werden die Plätze rar. Man bringt Getränke (und Gitarren) mit, lässt sich auf Decken nieder und genießt Hamburg von seiner ganz gelassenen Seite. *Freier Zugang | Palmaille/Ecke Max-Brauer-Allee | S 1–3 Königstraße | Altona*

BIERGARTEN ZUM ANLEGER **[152 C3]**

Die Wilhelmsburger Idylle: Grün, romantisch und preiswert ist es im Biergarten mit Bootsverleih am Ernst-August-Kanal. Willibürg, wie der Stadtteil von seinen Fans genannt wird, erwacht langsam zum Leben und der Anleger bietet beste Bedingungen, das Viertel zu entdecken. Mit einem Latte (2,50 Euro) oder einem Glas Rotwein (4 Euro) lässt es sich hier außerdem ganz wunderbar unter Bäumen relaxen. *Mo–Sa ab 11.30, So ab 10 Uhr, Saison von April–3. Okt., sonst kürzere Öffnungszeiten | Vogelhüttendeich 123 | Tel. 86 68 77 81 | www.zum-anleger.de | Bus 13, 34 Vogelhüttendeich | Wilhelmsburg*

Queen Calavera
burlesque
turns social norms
head over heels
the home of BURLESQUE

MUSIK IM STADTPARK [142 A1]
Egal ob Norah Jones, Simple Minds oder Lotto King Karl – auf der romantischen Freilichtbühne im Hamburger Stadtpark spielen hochkarätige Bands ebenso wie Stars und Sternchen. Wer kein Ticket mehr bekommen hat oder sparen möchte (die Eintrittspreise liegen je nach Prominenz der Gigs etwa zwischen 25 und 60 Euro), packt sich mit einer Decke auf die benachbarte Wiese und lauscht dem Sound von der Bühne. *Park-Eintritt frei | Saarlandstraße/ Ecke Jahnring | www.open-r.de | S 1, 11 Alte Wöhr, U 3 Saarlandstraße | Winterhude*

PARTYS & SHOW

SAFARI CABARET [148 A4]
Keine Sorge, es ist dunkel während der Show im Saal, errötende Gesichter fallen nicht auf. Und ums Geld wird es Ihnen nicht leid tun, sollten Sie sich einmal entschließen, die 5 Euro Eintritt plus 25 Euro Mindestverzehr im Safari zu zahlen. Beileibe nicht billig, aber im Verhältnis zu anderen günstig, und die Show ist klasse, hat künstlerische Aspekte und gute Darsteller. Es ist ganz einfach so, wie eine Sexvorführung auf St. Pauli sein sollte – trauen Sie sich rein, geneppt werden Sie woanders. *Di–Sa 20–4 Uhr, Show alle 1,5 Std. | Große Freiheit 24-28 | Tel. 31 32 33 | www.safaricabaret.com | S 1–3 Reeperbahn | St. Pauli*

QUEEN CALAVERA [148 A4]
Insider Tipp
Hier gibt's Erotik light, aber mit viel Spaß und knisternder Atmosphäre bei günstigem Eintritt: Das Queen Calavera mischt die intellektuelle Kiezszene mit Burlesque-Tanz auf. Meist blonde und sehr weibliche Damen zeigen den Strip der 30er-Jahre auf einer Mini-Bühne, ganz nah am Publikum. In den Show-Pausen wird getanzt nach Swing, Dirty Soul und Rock`n Roll. Der Eintritt ist moderat: Mit 5 bis 7 Euro (ab 18 Jahren) sind Sie dabei, donnerstags und freitags ist die erste Stunde gratis! *Do 20–3, Fr, Sa 21–6 Uhr | Gerhardstraße 7 | S 1–3 Reeperbahn | St. Pauli*

SZENE

ASTRA STUBE [147 F2]
Unter der Sternbrücke liegt dieser Mini-Club mit Blick auf eine viel befahrene Kreuzung. Doch wenn draußen die Lastwagen brummen, wummern drinnen die Bässe. Meist treten

Bild: Burlesque-Show auf dem Kiez – Queen Calavera

Hamburger Bands auf, aber auch solche aus Übersee. Der In-Treff platzt bei guten Gruppen aus allen Nähten, klar bei den Preisen von 7 bis 10 Euro. *Eintritt ab 7 Euro | Geöffnet nach Programm | Max-Brauer-Allee 200 | www.astra-stube.de | Bus 3, 15 Sternbrücke | Altona*

GRÜNER JÄGER **[148 A3]**
Harmlos wirkt das kleine Haus mitten auf dem Pferdemarkt an der Grenze Schanzenviertel/St. Pauli. Doch wenn die bunten Lampen im Gärtchen leuchten, schwirrt das Partyvolk zum Jägerhaus. Vor allem junges Publikum trifft sich zu Livemu-

CLEVER!

> Kiez für Einsteiger

Drei Spar-Tipps für die Reeperbahn:

1. Am Tag die Seitenstraßen erkunden – kostet gar nichts und macht Spaß! Der Kiez ist nicht so hässlich, wie es oft beschrieben wird. Bei der alten Fischräucherei am Ende der Großen Freiheit, wo die katholische Kirche St. Joseph steht, schaut es z. B. aus wie auf dem Dorf. Und vom Park Fiction am Pinnasberg haben Sie einen tollen Blick über den Hafen und die Elbe.
2. Die frühe Nacht: Lassen Sie sich treiben. Gucken Sie in die Kneipen und zahlen Sie keinen überteuerten Eintritt in angeblichen Szene-Discos. Die Eindrücke auf der Straße sind gratis und berauschend genug. Auch der Mikrokosmos der Esso-Tankstelle am Spielbudenplatz lohnt zum Verweilen – der kultige Tanke-Supermarkt hat 24 Std. geöffnet, einen Imbiss gibt's auch. Für diejenigen, die gern mit Bier in der Hand rumlaufen, gilt: An Wochenenden sind rund um die Reeperbahn Glasflaschen draußen verboten!
3. Endlich halb eins: Ab Mitternacht wird es voll in den Bars und Szene-Treffs. Die Clubs am Hamburger Berg und Hans-Albers-Platz nehmen meist keinen Eintritt für Partys. Lassen Sie sich nicht von schäbigen Fassaden schrecken, in den schrägsten Kneipen sitzen mitunter die coolsten Typen. Top-Regel: Gesunder Menschenverstand und kein komplett zugedröhnter Kopf sind der allerbeste Schutz vor Nepp und Gefahr.

sik, zu Partys oder einfach zum Musikhören und Chillen im oberen Stockwerk. Rein kommt man oft kostenlos, bei Livegigs steht eine Kasse an der Tür, doch die meist 3–4 Euro Eintritt sollten niemanden schrecken. *Eintritt frei bis max. 13 Euro | So ab 19, bei Veranstaltungen in der Woche ab 20, am Wochenende ab 22, bei Konzerten ab 20 Uhr | Neuer Pferdemarkt 36 | www.gruener-jaeger-stpauli.de | U3 Feldstraße | St. Pauli*

HASENSCHAUKEL **[148 A4]**

Die Konzerte in der kleinen Kneipe sind mittlerweile legendär und das beste: Oft kostenlos oder für kleinen Eintritt (ab 3 Euro) zu hören. Die Gäste sitzen vor der Mini-Bühne auf dem Fußboden oder drängeln sich auf den schmalen Sitzbänken, das Interieur ist liebevoll. Wer beim Reeperbahnfestival kein Tagesticket kaufen mag, kann hier manch Konzert for free erleben. *Eintritt oft frei | Mi–Sa ab 21 Uhr | Silbersackstraße 17 | Tel. 18012721 | www.hasenschaukel.de | S1–3 Reeperbahn | St. Pauli*

PONY BAR **[140 C5]**

50er-Jahre-Trash und Professorenalarm und das Ganze oft umsonst: Die kuschelige Kneipe am Campus ist für manch Kommilitonen zweites Wohnzimmer. Ein Café latte kostet hier weniger als 2 Euro – fast einmalig in Hamburgs Zentrum. Billig sind auch die Abende. Für die zahlreichen Kulturveranstaltungen gilt das Prinzip „Eintritt frei": bei den Jazz-Abenden (jeden Mi), den Montagskonzerten und dem sonntäglichen Tatort-Club (20 Uhr) kommen Sie stets umsonst rein. Kunstausstellungen sind auch gratis. *Eintritt frei | Mo–Sa ab 9, So ab 10 Uhr | Allende-Platz 1 | Tel. 428387895 | www.ponybar.de | S 11, 21, 31 Dammtor, Bus 4, 5 Grindelhof | Rotherbaum*

ROSI'S BAR **[148 A4]**

Rosi's Bar gehört auch zur Rushhour zu den angenehmsten – und preiswertesten – Läden am Club-Dorado Hamburger Berg. Die Gäste tanzen bei Soul, Funk und Ska vom Plattenteller und die Kellnerinnen sind wahrscheinlich die nettesten am Berg. Ihre Drinks sind wohlfeil (Bier um 2,50 Euro), und Eintritt verlangt sie auch nicht. *Eintritt frei | So bis Do ca. 21–4, Fr, Sa ca. 21–6 Uhr | Hamburger Berg 7 | S1–3 Reeperbahn | St. Pauli*

> Preiswerte Hotels, urige Hostels oder die JH mit Hafenblick: In diesen Häusern liegen Sie richtig

Hamburg ist in, zählt längst zu den beliebtesten Urlaubsmetropolen der Republik. Die Zahl der Besucher wächst stetig: Etwa 9,5 Mio. Übernachtungen waren es im Vorjahr, Tendenz steigend. Über 300 Herbergen werben um die Gunst der Besucher, ständig werden neue Hotels gebaut. Die liegen nicht nur im gehobenen Preissegment, auch für den kleinen Geldbeutel ist die Auswahl groß. Egal ob preiswerte Hostels, in denen das Bett pro Nacht schon um 13 Euro zu haben ist, billige Hotels, Apartments oder die etwas teureren (und meist geschmackvolleren) Bed & Breakfast-Unterkünfte – da ist für jedes Budget was dabei. Wenn's typisch hanseatisch sein soll, kein Problem, eine Nacht im Rock-Hotel Kogge am Kiez oder im plüschigen, legendären Café Keese direkt an der Reeperbahn werden Sie so bald nicht vergessen. Ein pfiffiges und zugleich schickes Designhotel ist die Superbude, wo jede Etage in einer anderen Farbe gehalten ist. Außerdem bietet Hamburg eine außergewöhnliche Jugendherberge mit der vielleicht prickelndsten Lage der Welt: Die JH Auf dem Stintfang hat die Bars und Kneipen vom Kiez im Rücken und den Hafen vor Augen – wer will da noch schlafen gehen?

SCHLAFEN

BED & BREAKFAST

BEDROOM FOR YOU [140 A4]

Wohnen im hanseatischen Bürgerhaus – das verspricht Hamburg-Feeling pur. Margarete Barth vermietet 2 Doppel- und 1 Einzelzimmer mitten in einem der schönsten Amüsier-Viertel Eimsbüttels. Auf 150 stuckverzierten Quadratmetern sind Möbel und Zierrat aus aller Herren Länder zu einem weltoffenen und geschmackvollen Heim vereint, französische Stilmöbel vertragen sich problemlos mit Südsee-Flair à la Gauguin. Abends darf der Gast ein Pläuschchen mit der weit gereisten Gastgeberin halten oder auch ein spontanes Hauskonzert auf dem Flügel geben – da hat man viel Atmosphäre fürs Geld. Extrawünsche zum Frühstück werden gerne erfüllt. *EZ ab 42, DZ ab 58, Frühstück 6 Euro | 3 Zimmer | Tornquiststraße 1/Ecke Eppendorfer Weg | Tel. 40 18 61 37 | www.bedroomforyou.de | Buslinie 20, 25 Fruchtallee/Hamburg-Haus | Eimsbüttel*

HADLEY'S BED & BREAKFAST [140 B4]

Die schönen Räume dieser Bed & Breakfast-Unterkunft liegen in einer Gartenvilla von 1816 im Hinterhof eines ehemaligen Krankenhauses aus der Jahrhundertwende. Einige Zimmer haben neben dem Wohnbereich eine erhöhte Schlafgalerie, die Möblierung hat Stil. Im Salon können bis zu fünf Personen nächtigen, das rechnet sich dann sehr gut. Die Gäste teilen sich zwei Badezimmer mit Dusche und WC. Toll frühstücken kann man in der Café-Bar Hadley's direkt um die Ecke, für 7 Euro wird auch am Bett serviert. *EZ 65, DZ ab 75, Salon 160 Euro | 4 Zimmer | Beim Schlump 85 | Tel. 85 94 77 | www.hadleys.de | U2, 3 Schlump | Rotherbaum*

SCHLAFSCHÖN
BED & BREAKFAST **[140 B5]**

Die sieben Zimmer dieses Bed & Breakfast befinden sich in einem ehemaligen Schwesternhaus am Schlump. Alle Räume sind individuell mit alten Möbeln eingerichtet, etwa mit einem Bauernschrank oder

Frühstück zum Bed & Breakfast: Café-Bar Hadley´s

einem Metallbett aus Großmutters Zeiten. An einer langen Tafel im Esszimmer wird gefrühstückt (inklusive), fast alle Räume haben Kabelfernsehen, in allen Zimmern gibt es WLAN. Nicht billig, aber fürs Gebotene und Hamburger Verhältnisse günstig. *EZ ab 50, DZ ab 95, Dreibettzimmer 140 Euro | 7 Zimmer | Monetastraße 4 | Tel. 41 35 49 49 | www.schlafschoen.com | U2, 3 Schlump | Rotherbaum*

GÜNSTIGE HOTELS

ARCADE HOSTEL [139 E2]

Nettes Ambiente zum kleinen Preis gesucht? Das ehemalige Hotel Rex wurde komplett und sehr stilvoll saniert, Elemente wie ein schwarzer Holztresen im Empfangsbereich oder der von Licht durchflutete Frühstücksraum (Frühstück 6 Euro) erinnern an den Glanz vergangener Zeiten. Die Zimmer sind hübsch eingerichtet und werden über ein Durchgangsbad betreten, das immer mit Dusche, teils auch mit WC ausgestattet ist. WLAN und Parkplätze sind kostenfrei. Für dieses sehr gute Preis-Leistungs-Verhältnis lohnt sich die etwas weitere Anfahrt. *EZ 36–58, DZ 46–85 Euro | 34 Zimmer | Kieler Straße 385 | Tel. 54 48 00 | www.arcade-hostel-hamburg.de | Bus 4, 22, 39, 183, 283 Volksparkstraße | Stellingen*

B & B HOTEL HAMBURG-ALTONA [147 E2]

Das Motto der französischen Budget-Hotelkette lautet: auf Überflüssiges verzichten, um günstige Preise anbieten zu können. Das gelingt. Die modernen Zimmer haben ein eigenes Bad mit Dusche und WC, Klimaanlage und Fernseher, stilisierte Schiffe an den Wänden fahren durch einen bunten Hafen. In den Familienzimmern können zwei Erwachsene und zwei Kinder übernachten. WLAN ist im gesamten Haus kostenfrei. Das leckere Büfettfrühstück (7,50 Euro) entschädigt für die Lage an einer vielbefahrenen Straße, die Fenster sind schallisoliert. *EZ ab 54, DZ ab 64, Familienzimmer ab 84 Euro | 182 Zimmer | Stresemannstraße 318 | Tel. 8 51 80 60 | www.hotelbb.de | S3, 21 Diebsteich, Bus 3 Schützenstraße (Mitte) | Bahrenfeld*

DESIGN AND STYLE HOTEL HAMBURG-CENTRUM [149 E3]

Sie möchten in coolem Ambiente übernachten, aber nicht zu viel ausgeben? Dann ist dieses Low-Budget-Designhotel genau das Richtige für Sie. Die Zimmer sind hübsch in Grün und Braun eingerichtet, haben niedrige Boxspringbetten, einen Flachbildfernseher und ein modernes Bad, WLAN ist gratis. In der Lounge mit ausgefallener Lampe in Form vieler Tropfen kann man richtig gut chillen. Unbedingt anschauen sollten Sie sich die Online-Angebote: Wer mindestens drei Nächte und mehr als 120 Tage im Voraus bucht, bekommt 33 Prozent Rabatt – drei Übernachtungen im Doppelzimmer der Kategorie „Style" kosten dann etwa nur rund 112 Euro, also unter 40 Euro pro Nacht! Frühstück bekommen Sie für 9,50 Euro extra, die Nutzung der kleinen Sauna ist kostenfrei. Bleibt nur noch die Lage am Steindamm in St. Georg zu erwähnen: Nicht Hamburgs feinste Adresse, aber nur 5 Minuten Fußweg zum Hauptbahnhof. *EZ/DZ ab 49, Frühstück 9,50 Euro | 169 Zimmer / Steindamm 68–70 | kostenfreie Reservierungshotline Tel. 0800 6008081 | www.das-hotels-hamburg-centrum.de | S- und U-Bahnen Hauptbahnhof | St. Georg*

FRAUENHOTEL HANSEATIN **[130 B2]**

Ladies unter sich: Im Hotel Hanseatin findet sich alles, was Frau allein auf Reisen braucht. Das Haus bietet stilvoll-elegante Zimmer mit großen Spiegeln und Originalwerken heimischer Malerinnen, ausgesuchte Lite-

CLEVER!

> Kostenlos schlafen: Couch-Surfing

Und dies ist die günstigste Art, in Hamburg zu übernachten, denn hier zahlt man für den Schlafplatz – nichts. Couch-Surfing ist ein weltweites Netzwerk, das es Menschen ermöglicht, bei anderen kostenfrei die Nacht zu verbringen. Auf der Couch im Wohnzimmer, auf einer Luftmatratze im WG-Zimmer oder sogar in einem eigenen Bett. Die Idee dahinter ist, dass Reisende so kostengünstig am Alltagsleben in anderen Städten oder Ländern teilhaben können – und sich später revanchieren, indem sie möglichst selbst Gäste im eigenen Heim aufnehmen. Profil anlegen und los geht's! *www.couchsurfing.org*

ratur und Frottee-Puschen stehen für die Gäste bereit. Zur Flaniermeile Jungfernstieg sind es 10 Minuten zu Fuß durch das altstädtische Gängeviertel. Und auf dem Rückweg kann der Tag mit einem feinen Konzert in der imposanten Laeisz-Musikhalle gut ausklingen. Besonders die Mansarden-Zimmer mit Jane-Austen-Flair haben ihren Charme. *EZ ab 53, DZ ab 90 Euro ohne Frühstück | 13 Zimmer | Dragonerstall 11 | Tel. 34 13 45 | www.frauenhotel.de | U 2 Gänsemarkt | Neustadt*

FRITZHOTEL **[148 A2]**

Dies ist ein Tipp für Freunde der puristisch-minimalistischen Wohnkultur, die gern am Puls eines In-Quartiers leben. Das Altbauhaus liegt mitten im trubeligen Schanzenviertel – hier geht links-alternativ mit Werber-Chic noch ganz prima zusammen. In den 17 modern ausgestatteten Zimmern wird Wert aufs formschöne und schnörkellose Detail gelegt, eine Minibar ist vorhanden. Nicht nur WLAN ist kostenfrei, auch Kaffee, Tee und Bioobst können Sie sich gratis nehmen. Frühstück wird nicht angeboten, das ist aber kein Problem – auswärts frühstücken ist in der Schanze sowieso Pflichtprogramm. Der Basispreis ist nicht ganz billig, aber es gibt immer wieder saisonale Angebote. Einfach nachfragen. *EZ ab 63, DZ ab 93 Euro | 17 Zimmer | Schanzenstraße 101-103 | Tel. 82 22 28 30 | www.fritzhotel.com | S 11, 21, 31, U 3 Sternschanze | Schanzenviertel*

HOTEL-PENSION SCHWANENWIK **[149 F1]**

Diese elegante Pension im ersten Stock eines Jugendstilhauses ist fürs schicke Uhlenhorst äußerst günstig. Ihre Zimmer sind gemütlich und bieten Kabelfernsehen, wahlweise ein eigenes Bad oder Dusche und WC auf dem Gang. Kaffee und Brötchen am Morgen sind im Preis enthalten, dazu auch der Blick vom Frühstückstisch auf die Alster. Wer per Auto anreist, kann für 8 Euro am Tag einen Garagenplatz mieten. *EZ ab 52, DZ ab 78, Zustellbett 22 Euro | 18 Zimmer | Schwanenwik 29 | Tel. 2 20 09 18 | www.hotel-schwanenwik.de | Bus 6, 37, 172, 173 Mundsburger Brücke | Uhlenhorst*

KIELER-HOF **[149 E3]**

Die Lage ist etwas ruppig aber zentral, zum Hauptbahnhof braucht es nur ein paar Minuten zu Fuß. Das sehr einfache Hotel liegt im ersten Stockwerk eines Jugendstilhauses, im beeindruckenden Treppenhaus sollten Sie unbedingt mal nach oben schauen! Die Zimmer haben Stuckdecke, WC und Dusche befinden sich auf dem Gang. Wer einen Raum mit eigener Dusche bucht, wird eine Kabine direkt im Zimmer vorfinden – also lieber das Gemeinschaftsbad wählen! Prima: WLAN ist im Preis schon enthalten, Frühstück bei den günstigsten Tarifen allerdings nicht. *EZ ab 35, DZ ab 45, 3-Bett-Zimmer ab 60, 4-Bett-Zimmer ab 75 Euro | 24 Zimmer | Bremer Reihe 15 | Tel. 24 30 24 | www.kieler-hof.de | U/S-Bahnen Hauptbahnhof | St. Georg*

MOTEL HAMBURG **[140 B3]**

Back to the Fifties: An einer Hauptverkehrsstraße liegt das denkmalgeschützte Motel Hamburg im überraschend ruhigen Hinterhof. Rundum laufender Balkon, jedes Zimmer mit orangegestreifter Garage für den fahrbaren Untersatz, umrankt von bizarr gewundenen Glyzinien – das ist amerikanisches Road-Movie-Feeling

CLEVER!

> Camping in Hamburg

An einer Hauptverkehrsstraße im Stadtgebiet gibt es die Möglichkeit, im Zelt, Wohnmobil oder gar im Auto zu übernachten. Der Campingplatz Buchholz ist ganzjährig geöffnet und mit Bus und Bahn leicht zu erreichen. 30 Plätze stehen für Zelte, Autos, Wohnwagen oder Wohnmobile zur Verfügung, Duschen, Toiletten und ein Aufenthaltsraum können gemeinschaftlich genutzt werden. Wer's doch bequemer mag: Im Rezeptionsgebäude sind auch drei Bed & Breakfast-Zimmer untergebracht, die Preise dafür verstehen sich stets inklusive Frühstück. *3 Zimmer, EZ 52,50 Euro, DZ 67,50, 3-Bett-Zimmer 87,50 Euro, bei nur einer Übernachtung 10 Euro Aufschlag, Zelt 10–15 Euro/Nacht, Übernachtung im Auto 12 Euro, Übernachtung im Wohnmobil 12–15 Euro, jeweils plus 6,50 Euro p. P./Nacht | Kieler Straße 374 | Tel. 540 45 32 | www.camping-buchholz.de | S 3, 21, Bus 4, 183, 283 Basselweg | Stellingen*

pur, hier hätte einst auch Elvis nächtigen können. Die Zimmer sind einfach, meist in Kiefermobiliar und 50er-Jahre-Blümchentapete gehalten, dafür sehr sauber. Bisweilen gibt es Bett und Garage auch zum Schnäppchenpreis, fragen lohnt sich. Wer nicht per Auto in die City will: Die Buslinie 5 Richtung Hauptbahnhof hält direkt vor der Tür. *EZ ab 57, DZ ab 69, Frühstück 8 Euro | 34 Zimmer | Hoheluftchaussee 117-119 | Tel. 4 20 41 41 | www.motel-hamburg.de | Buslinie 5, 20, 25 Gärtnerstraße | Hoheluft*

MOTEL ONE HAMBURG AM MICHEL [148 C4]

Fünf Minuten Fußweg zum Michel und zur Reeperbahn: Viel zentraler kann ein Hotel in Hamburg kaum liegen. Im modernen, in braun-blauem Retro-Design eingerichteten Haus bekommen City Traveller und Nachtschwärmer Bequemlichkeit zum fairen Tarif, etwa kuschelige Bettwäsche, einen Flachbildfernseher und ein Bad, das zwar klein, dafür aber topfit ist. Die geräumige Lobby ist zugleich Frühstücksraum (Frühstücksbüfett 7,50 Euro – am besten gleich mitbuchen, dann gibt es WLAN auf dem Zimmer gratis!) und Bar (24 Stunden geöffnet). Und sollte hier einmal alles belegt sein: Auch an der Alster, in Altona und am Flughafen gibt's ein Motel One! *EZ ab 69, DZ ab 84 Euro | 437 Zimmer | Ludwig-Erhard-Straße 26 | Tel. 35 71 89 00 | www.motel-one.com | U3 St. Pauli | Neustadt*

PENSION AM RATHAUS [131 D3]

Zentraler geht's nicht: Diese familiengeführte Pension liegt im Herzen der Stadt gleich neben dem stolzen Hamburger Rathaus; die bunte Shoppingmeile Mönckebergstraße verläuft parallel. Gleich drei ehemalige Wohn-Etagen des Hauses warten mit kleinen Zimmern auf, zum Teil mit altem Dielenboden und geschmückt mit Ölbildern der Inhaberin. WLAN kostet 1 Euro die Stunde, Frühstück gibt es nicht – aber dafür sind wir ja mitten im Zentrum der Stadt. *EZ ab 29, DZ ab 44 Euro | 15 Zimmer | Rathausstraße 14 | Tel. 33 74 89 | www.pension-am-rathaus.de | U3 Rathaus | Altstadt*

ROCK'N'ROLL-HOTEL KOGGE [148 A4] Insider Tipp

Wer Rock'n'Roll im Blut hat, wird die Kogge genießen: Das kleine

Kiez-Hotel ist gleichzeitig Hafenbar, der Tresen Rezeption, und Gäste bekommen zur Begrüßung schon mal einen Schnaps eingeschenkt. Die Räume sind individuell gestaltet und tragen Namen wie „Honeckers Herrenzimmer“ oder „Punk Royal“, Dusche und Toiletten werden gemeinschaftlich genutzt. Wer nachts nicht feiern, sondern schlafen möchte, sollte die bereitgelegten Ohrstöpsel benutzen! *EZ 29,50–33, DZ 48,50 bis 55, 4-Bett-Zimmer 78–88 Euro | 12 Zimmer | Bernhard-Nocht-Straße 59 | Tel. 31 28 72 | www.kogge-hamburg.com | U3, S1–3, Landungsbrücken | St. Pauli*

SCHLAFLOUNGE **[140 A5]**

Hier sind guter Stil und Geschmack Programm: In den unteren Stockwerken eines alten Jugendstilhauses gibt’s fein eingerichtete Einzel- und Doppelzimmer mit moderner Lounge-Atmosphäre zu bezahlbaren Preisen. Das Frühstück (10 Euro extra) mit Rohmilchkäse, frischem Aufschnitt und Obstsalat ist seinen Preis wert, die Bohnen für Kaffeespezialitäten wie Espresso, Latte macchiato

Gut und günstig mit eigenem Bad: St. Pauli Lodge

oder Cappuccino werden frisch gemahlen. WLAN ist kostenfrei. Insgesamt nicht ganz billig, aber seinen Preis wert. *EZ 65, DZ 89 Euro | 6 Zimmer | Vereinsstraße 54b | Tel. 38 68 83 57 | www.schlaflounge.de | U 2 Christuskirche | Eimsbüttel*

ST. PAULI LODGE, GUESTHOUSE & TOWNHOUSE [140 A5]

Keine Frage, dies ist eine Unterkunft in bester Lage zwischen Reeperbahn und Schanzenviertel zu tollen Tarifen. Die Zimmer der Lodge sind modern reduziert eingerichtet, haben Holzfußboden und ein eigenes Bad. Das Guesthouse nebenan ist etwas rustikaler mit Gemeinschaftsbad und Dielenfußboden, im Townhouse gibt es beide Zimmerkategorien. Das Frühstück kostet 7 Euro , Bettwäsche, WLAN, Kaffee und Tee sind kostenfrei. *Im Guesthouse EZ ab 28, DZ ab 48 Euro | in der Lodge EZ ab 48, DZ ab 58 Euro | 26 Zimmer | Thadenstraße 94 | Tel. 43 27 45 44 | www.sankt-pauli-lodge.de | U 3 Feldstraße | St. Pauli*

STELLA MARIS [148 B4]

Das charmante Hotel, untergebracht in einer ehemaligen Seemannsmission im quirligen Portugiesenviertel, bleibt seiner maritimen Vergangenheit in vielen Details treu. Die günstigen Zimmer der Sailor's Class haben Etagendusche und -toilette, sind gemütlich und für den Preis echte Schnäppchen. In der Officer's Class hat der Gast sein eigenes Bad und einen Fernseher, in der Captain's Class zusätzlichen Luxus wie Hosenbügler. Das Frühstück kostet 9 Euro Aufpreis. *Sailor's Class: EZ ab 30, DZ ab 40 Euro | Officer's Class: EZ ab 99, DZ ab 109 Euro | Captain's Class: EZ und DZ ab 119 Euro | 49 Zimmer | Reimarusstraße 12 | Tel. 3 19 20 23 | www.hotel-stella-maris.de | U 3, S 1–3 Landungsbrücken | St. Pauli*

ZLEEP HOTEL HAMBURG CITY [147 F4]

Wer in der Nähe der Reeperbahn schlafen möchte, findet im Haus der dänischen Hotelkette eine moderne Unterkunft zu moderaten Preisen. Die klar und einfach im skandinavischen Design eingerichteten Zimmer haben ein eigenes Bad mit Dusche und WC, Fernseher, Klimaanlage und WLAN-Empfang. Das kontinentale Frühstücksbüfett kostet 9 Euro, die Lobby ist zugleich Bar und Restaurant. *EZ ab 59, DZ ab 69, 3-Bett-Zimmer ab 99 Euro | 148 Zimmer | Königstraße 4 | Tel. 3 11 82 10 | www.zleephotels.com | S 1–3 Reeperbahn | St. Pauli*

HOSTELS UND HERBERGEN

A&O HAMBURG CITY [149 F4]

Das wohl größte Hostel der Welt hat 2012 seine Türen in der Nähe des Hauptbahnhofs geöffnet: In einem umgebauten Bürogebäude können Backpacker und Städtereisende nun in fast 2000 Betten günstig übernachten. Das A&O Hamburg City gehört zu einer Kette, die sowohl Hostel- als auch Hotelzimmer anbietet. Die Preise variieren: Je frühzeitiger man bucht, desto günstiger wird das Bett, das Büfettfrühstück kostet 6 Euro. Viele Schnäppchen finden sich zusätzlich auf der Website. *Hotelbett ab 24, Hostelbett ab 12 Euro | 540 Zimmer | Spaldingstraße 160 | Tel. 18 12 98 40 00 | www.aohostels. com | S 1, 2, 11, 21, U 2, 3 Berliner Tor | St. Georg*

ARENA HOSTEL HAMBURG [149 F4]

Wer ein Ticket für ein Konzert, ein HSV- oder ein Freezers-Spiel in der Tasche hat, übernachtet bequem im Arena Hostel in Eidelstedt – die O_2 World und die Imtech-Arena sind schon in Sichtweite. Die modern eingerichteten Zimmer sind über drei Stockwerke eines Neubaus verteilt, der in einem Industriegebiet liegt, doch die S-Bahn ist nur wenige Gehminuten entfernt. Besonders schön sind die vier Doppelzimmer mit Bad, französischem Bett und großem Balkon (ab 60 Euro), die Vier- und Sechsbettzimmer haben Etagenbetten. WLAN ist kostenfrei. Frühstück wird nicht angeboten, doch Kaffee und belegte Brötchen gibt's unter der Woche im Frühstückslokal (5–13.30 Uhr) im Haus. Am Wochenende beißen Sie einfach in einem Gemeinschaftsraum ins selbst gekaufte Brötchen, denn dort gibt es auch eine Küche. *DZ ab 50, Bett im 4-Bett-Zi. ab 17, Bett im 6-Bett-Zi. ab 14, Bettwäsche 3 Euro | 28 Zimmer | Fangdieckstraße 20 | Tel. 54 80 15 85 | www.arena-hostel-hamburg.de | S 3, 21 Eidelstedt / Eidelstedt*

BACKPACKERS ST. PAULI [148 A3]

Ein nettes Hostel in ruhiger, zentraler Lage zwischen Schanzenviertel und Reeperbahn. Die schlicht eingerichteten Zimmer haben Etagenbetten

(Bettwäsche einmalig 2 Euro) und teilweise ein eigenes Bad. In der gemütlichen Hostelkneipe The Globe servieren die Mitarbeiter Frühstück (z. B. die süße Version „lütt un seut" für 2,80 Euro, bis 12 Uhr!), Suppen, Toasties, Kuchen und am Abend ein Bier. WLAN ist im ganzen Haus gratis! *Bett im DZ ab 30, im 3-Bett-Zimmer ab 25, im 4-Bett-Zimmer ab 24, im 6-Bett-Zimmer ab 23, im 8-Bett-Zimmer ab 19,50 Euro | 10 Zimmer | Bernstorffstraße 98 | Tel. 23 51 70 43 | www.backpackers-stpauli.de | U3 Feldstraße, Bus 3 Bernstorffstraße | St. Pauli*

BEDPARK **[147 F2]**

Die Bahnstrecke hinter, eine Hauptverkehrsstraße vorm Haus: Wen die verkehrsgünstige Lage dieser Herberge nicht stört (Ohrstöpsel liegen auf jedem Bett bereit), der kann hier günstig und zentral nächtigen. Die modernen Zimmer haben einen Flachbildfernseher, Bad und Dusche werden gemeinschaftlich genutzt. Für Gruppen oder Familien gibt's eine 4-Bett-Wohnung mit Bad und kleiner Küche. Super-Spartipp: Von Sonntag auf Montag kostet das EZ nur 10, das DZ nur 20 Euro, aber nur, wenn Sie eine weitere Nacht (zum normalen Tarif) buchen. *EZ 10–72, DZ 20–80, 3-Bett-Zimmer 30–100, 4-Bett-Zimmer 40–120, Ferienwohnung 50–170 Euro | 22 Zimmer | Stresemannstraße 117 | Tel. 49 22 22 93 | www.bedpark.de | Bus 3, 15 Sternbrücke | Altona*

INSTANT SLEEP BACKPACKER HOSTEL **[147 F3]**

Das Gute: Der nächste Cocktail ist nie weit entfernt, denn das Hostel teilt sich das Haus mit zwei angesagten Bars. Der Nachteil: Es kann am Wochenende arg laut werden. Die Zimmer sind hübsch gestaltet, etwa mit Retro-Tapeten im 70er-Jahre-Stil. Duschen und WCs werden gemeinschaftlich genutzt, Bettwäsche ist inklusive. Statt Frühstück wird Kaffee gratis für Morgenmuffel ausgeschenkt, die den kurzen Fußweg zu den Bistros des Schanzenviertels sonst nicht überstehen. *EZ 40, Bett im DZ 29, Bett im 3-Bett-Zi. 25, Bett im 4-/5-Bett-Zi. 23, Bett im 6-Bett-Zi. 21, Bett im 8-Bett-Zi. 16,50, Bett im 9-Bett-Zi. 13,50 Euro | Max-Brauer-Allee 277 | Tel. 43 18 23 10 | www.instantsleep.de | S 11, 21, 31, U 3 Sternschanze | Schanzenviertel*

JUGENDHERBERGE AUF DEM STINTFANG **[148 B4]**

Gäste aus aller Welt, frohe junge und jung gebliebene Menschen, poppig-moderne Räumlichkeiten – diese Jugendherberge ist der ideale Standort für ein ausgelassenes Wochenende in Hamburg. Der Hafen liegt ihr direkt zu Füßen, das Partyviertel Reeperbahn in Laufweite, U- und S-Bahnstation vis-à-vis. Zur Auswahl stehen 8er-Schlafräume mit Panoramablick über die altehrwürdigen Landungsbrücken oder anständige Zwei- und Mehrbettzimmer. Tipp: Der Stintfang liegt auf einer für Norddeutschland stattlichen Anhöhe – also genug Puste für den nächtlichen Rückweg einplanen! *DZ 63,90, Bett im Mehr-*

bettzimmer ab 21,50, „alte" Menschen über 27 Jahre zahlen 4 Euro Aufschlag | 357 Betten | Alfred-Wegener-Weg 5 | Tel. 5 70 15 90 | www.djh-nordmark.de | S 1–3, U 3 Landungsbrücken | Neustadt

KASTANIEN-HOTEL [148 A4]

Sollte man wirklich in einem ehemaligen Bordell übernachten? Unbedingt! Die plüschige Atmosphäre des einstigen Etablissements wurde beibehalten und cool durch verspielte Details wie verschnörkelte Spiegel oder Handschellen am Bett ergänzt. Wem es im Prinzessinnenzimmer zu langweilig wird, der kann ja einfach an der Bar gemütlich ein Bier trinken, bevor es um die Ecke zum abendlichen Kiezbummel geht. Bettwäsche kostet einmalig 3 Euro. *EZ ab 35, EZ mit Dusche ab 40, DZ ab 50, DZ mit Dusche ab 60, Bett im 4-Bett-Zi. 22, Bett im 6-Bett-Zi. 21 Euro | Kastanienallee 27 | Tel. 53 25 33 64 | www.kastanien-hotel.net | U3 St. Pauli | St. Pauli*

MEININGER HOTEL CITY CENTER [147 E3]

„Moin, Moin" steht groß über der Rezeption – dieser locker-freundschaftliche Stil zieht sich durchs ganz in Rot gehaltene Haus. Die Doppel- und die günstigen Mehrbettzimmer (Bettwäsche inklusive) sind schick eingerichtet und haben ein eigenes Bad mit Dusche und WC. Frühstück gibt es für 5,90 Euro, WLAN kostenlos in der Lobby. Wer unter 18 Jahre alt ist, darf die Schlafsäle nicht benutzen. Die online buchbaren Tagespreise sind besonders günstig. *EZ ab 49, Bett im DZ ab 28, Bett im Mehrbettzi. ab 19, Bett im Schlafsaal ab 13 Euro | 116 Zimmer | Goetheallee 11 | Tel. 28 46 43 88 | www.meininger-hotels.com | S 1–3, 11, 31 Altona | Altona*

SCHANZENSTERN ALTONA [147 D3]

Dieses Hostel liegt im quirligen Stadtteil Ottensen, nur einen kurzen Fußweg von Cafés und Bars entfernt. Einige der Zimmer haben Etagenbetten, alle ein eigenes Bad mit Dusche und WC. Im Dachgeschoss gibt es Apartments mit Wohn- und Schlafzimmer, Küche und Bad, die pro Tag, aber auch zum guten Wochenpreis gemietet werden können. Das Bio-Frühstück (7,50 Euro) erleichtert den Start in den Tag. *EZ 45, DZ 60–70, 3-Bett-Zi. 75, 4-Bett-Zi. 85, 5-Bett-Zi. 120, Bett im Mehrbettzi. 19, Apart-*

ment für 2 Pers. 80–86, für 4 Pers. 100 Euro | 31 Zimmer, 3 Apartments | Kleine Rainstraße 24–26 | Tel. 39 91 91 91 | schanze.abcde.biz | S 1–3, 11, 31 Altona | Ottensen

SCHANZENSTERN ST. PAULI **[148 A2]**
Noch bis 1990 wurden hier Mont-Blanc-Füller produziert, heute ist in den oberen Etagen der Produktionshallen ein Hostel untergebracht. Die Mehrbettzimmer haben ebenerdige Betten und eigene Duschen, ansonsten stehen Etagenduschen und -toiletten zur Verfügung. Tipp: Zimmer 68 ist mit französischem Bett, Balkon und toller Aussicht besonders gemütlich. Im Gasthaus wird morgens ein Bio-Frühstücksbüfett angeboten (7,50 Euro bei vorheriger Anmeldung). Toll ist die Lage: mitten im angesagten Schanzenviertel. *EZ 39,50, DZ 55, 3-Bett-Zi. 65, 4-Bett-Zi. 79, 5-Bett-Zi. 97, Bett im Mehrbettzi. 19 Euro | 19 Zimmer | Bartelsstraße 12 | Tel. 4 39 84 41 | www.schanzenstern. de | U3, S 11, 21, 31 Sternschanze | Schanzenviertel*

SEEMANNSHEIM HAMBURG **[130 B4]**
Dies ist ein Domizil für waschechte Matrosen und originelle Kult-Unterkunft am Fuß der St. Michaelis-Kirche: willkommen im Heim der Deutschen Seemannsmission! Die Ausstattung ist schlicht und einfach – der Unterschied zu den Kojen an Bord soll ja nicht allzu groß sein. Die Mitarbeiter sind mit Freude und manchmal auch mit Gratis-Seemannsgarn bei der Sache, teils sind es echte „gestrandete“ Seebären, die anderswo nicht mehr anheuern konnten. Wer hier nächtigt, unterstützt also auch ein wenig die karitative Arbeit der Seemannsmission für in Not geratene Kollegen. *EZ ab 40, DZ ab 72 Euro mit Frühstück | 83 Zimmer | Krayenkamp 5 | Tel. 37 09 60 | www.seemannheim-hamburg.de | S 1, 3 Stadthausbrücke | Neustadt*

SUPERBUDE HAMBURG ST. GEORG **[149 F4]**
Schlafen, Chillen und Entspannen: Hier kann man sich fraglos wohlfühlen. Alle Zimmer des loungeartigen Hostels haben ein eigenes Bad und einen Flachbildfernseher. Jedes Stockwerk ist in einer anderen Farbe gehalten – wer mutig ist, bezieht ein Zimmer in der roten Etage, in der selbst die Badezimmer knallrot gekachelt sind. Bettwäsche, Handtücher

Bild: Coole Optik, gute Preise – Superbude Hamburg

und WLAN sind inklusive, gefrühstückt wird auf zu Sitzmöbeln umgebauten Bierkisten für 8 Euro. Kinder bis 12 übernachten und frühstücken kostenlos. Die ebenso coole Superbude St. Pauli liegt im Schanzenviertel. *DZ ab 60, 4-Bett-Zi. ab 95, 6-Bett-Zi. ab 126, Bett im Mehrbettzi. ab 16 Euro | 74 Zimmer | Spaldingstraße 152 | Tel. 3 80 87 80 | www.superbude.de | S 1, 2, 11, 21, U 2, 3 Berliner Tor | St. Georg*

WOHNBÖRSEN & APARTMENTS

AGENTUR AM FISCHMARKT [130 C4]

Gestatten: Hier können Sie individuelle Zimmer und Ferienwohnungen an den Hot Spots St. Pauli, Hafen und am Michel mieten. Sie sind meist modern ausgestattet, manchmal mit Blick in schön begrünte Hamburger Hinterhöfe und in der Regel mit guter Anbindung an die touristischen Attraktionen (falls man nicht direkt nebenan wohnt). Selbst die Ein-Zimmer-Apartments lassen sich meist mittels Schlafcouch mit bis zu 4 Schläfern nutzen. Auch wenn's dann nachts kuschelig eng wird, macht nix – das Hamburger Lebensgefühl geht ja gleich vor der Haustür los. *EZ ab 32, DZ ab 50, Apartment ab 85 Euro | Deichstraße 36a | Tel. 3 17 27 13 | www.agentur-fischmarkt.de | U/S/ Bus www.hvv.de*

ASIA APARTMENTS GÄSTEHAUS [140 A5]

Dieses schnuckelige kleine Häuschen für zwei, die sich gern haben, liegt beschaulich im Garten einer schönen alten Stadtvilla nahe zu Sternschanze und Generalsviertel. Es gibt ein Doppelbett, jede Menge geschmackvolle Deko- und Ausstattungsdetails, dazu Telefon und Fernseher, WC und Duschbad, allerdings keine Küche – dafür jede Menge Cafés und Bars um die Ecke. Zudem vermieten die Besitzer gerne ein weiteres charmantes Apartment ganz in der Nähe. *Gästehaus 48, Apartment 64 Euro (jeweils mit Platz für zwei Personen), Bettwäsche inklusive, bei nur einer Nacht Endreinigung ab 20 Euro | 1 Gästehaus und 1 Apartment | Heinrichstraße 1 | Tel. 3 89 23 90 | www.asia-apartments.de | Buslinie 15 Schulterblatt | Eimsbüttel*

HAMBURG-LODGE

Wer mindestens drei Tage in der Hansestadt bleiben möchte, sollte sich das Internetportal dieser Hamburger Agentur anschauen. Vom Ein-Zimmer-Apartment mit Küche und Balkon an der Alster (63 Euro/Nacht für 2 Pers.) bis zur traumhaft schönen Altbauwohnung mit Dielenfußboden und voll ausgestatteter Küche im coolen Ottensen (79 Euro/Nacht für 2 Personen) können Sie viele günstige Unterkünfte buchen. Wer zu viert reist, bekommt ein Zwei-Zimmer-Apartment schon für 88 Euro die Nacht – das sind dann 22 Euro pro Person! Die Endreinigung ist in diesen Preisen schon mit eingerechnet. Gute Last-Minute-Angebote auf der Website. Es gibt auch einzelne Zimmer. *www.hamburg-lodge.de*

HAMBURGER MITWOHNZENTRALE

Auf Wohnungssuche in Hamburg oder mehrere Monate in der Stadt? Die Hamburger Mitwohnzentrale vermittelt möblierte Zimmer und Wohnungen für alle, die mindestens vier Wochen verweilen – ideal, um in Ruhe eine Bleibe zu suchen. WG-Zimmer gibt's ab günstigen 280 Euro, eine eigene Wohnung oder ein Apartment schon ab 450 Euro im Monat – in nahezu allen Stadtteilen wird etwas geboten. *Tel. 4 20 66 19, www.hmwz.de*

WG GESUCHT

Wer etwas länger in Hamburg bleiben möchte – eine Woche, einen Monat oder ein halbes Jahr –, findet hier Zimmer zur Zwischenmiete in WGs und Wohnungen, meist von Privatanbietern. Die Preise für Wochen- oder Monatsmieten sind oft deutlich günstiger als in Hostels oder billigen Hotels, manch Zimmer wird sogar tageweise für unter 10 Euro angeboten. Ein schöner Nebeneffekt: In WGs gibt's die netten Mitbewohner gratis dazu. *www.wg-gesucht.de*

Insider Tipp

ZIMMER FREI HAMBURG

Diese Agentur vermittelt Zimmer und Wohnungen von privat in allen Ecken Hamburgs. Von absolutem Basic bis Jugendstil-Ambiente ist für jeden etwas dabei. Frühstück kostet meist 5 Euro, teils werden Bad und WC mit dem Gastgeber gemeinsam genutzt – einfach mal nachfragen. *DZ ab 41, Frühstück ca. 5 Euro | etwa 35 Zimmer und Apartments | Tel. 27 87 77 77 | www.zimmerfreihamburg.de | U3 Habichtststraße, U/S/Bus www.hvv.de*

MÖVENPICK HAMBURG [148 B1]

Gediegen schlummern: Das Mövenpick Hotel Hamburg ist in einem Wasserturm aus dem 19. Jh. untergebracht, das Schanzenviertel beginnt gleich nebenan. Die Zimmer sind schick, die Betten weich, der Service ist superb. Wer in nicht so stark frequentierten Monaten bucht, bekommt bei mindestens drei Nächten Aufenthalt 30 Prozent Rabatt auf den Zimmerpreis – ein Doppelzimmer kostet dann etwa statt 189 nur noch rund 130 Euro pro Nacht, ein Einzelzimmer ca. 120 statt 169 Euro. Frühstück ist nicht enthalten, doch Cafés sind nicht weit. *3 Nächte buchen/ 30 Prozent sparen, 2 Nächte buchen/ 20 Prozent sparen | 226 Zimmer | Sternschanze 6 | Tel. 3344110 | www.moevenpick-hotels. com | U3, S11, 21, 31 Sternschanze | Schanzenviertel*

PRIVATHOTEL LINDTNER [152 C4]

Dieses Fünf-Sterne-Hotel ist der ideale Ort für ein Luxus-Wochenende fernab vom Großstadt-Trubel, es liegt ruhig inmitten eines Gartens im Süden von Hamburg. Wer die schönen Superior-Zimmer schon etwa drei Monate vor Anreise bucht, bekommt das Einzelzimmer am Wochenende für 102 (in der Woche 142 Euro), das Doppelzimmer für 122 (in der Woche 162 Euro). Frühstück kostet 20 Euro extra, im 320 m² großen Medical Spa & Beauty können Sie allerdings ohne Extrakosten richtig schön entspannen. *EZ am Wochenende (Fr–So) ab 102, DZ ab 122 Euro | 128 Zimmer | Heimfelder Straße 123 | Tel. 790090 | www.lindtner.com | Bus 142 Heimfelder Straße | Heimfeld*

SIDE-HOTEL HAMBURG [130 C1]

Zimmerpreise nach Körpergewicht gibt es in diesem Fünf-Sterne-Hotel bei einer Übernachtung von Sonntag auf Montag: Wer 64 kg wiegt bekommt das Einzelzimmer für 64 Euro, bei Buchung eines Doppelzimmers (regulär ab 150 Euro) wird die leichtere Person auf die Waage gestellt und das Gewicht mal zwei genommen. Der Slim-Tarif gilt ab 18 Jahren und einem Gewicht von 50 kg. Frühstück kostet allerdings 24 Euro pro Person. *Von So auf Mo Zimmerpreis nach Gewicht | 178 Zimmer | Drehbahn*

Ins Ti

LUXUS LOW BUDGET

49 | Tel. 30 99 90 | www.side-hamburg.de | U 2 Gänsemarkt | Neustadt

STEIGENBERGER [130 C3]
Relativ erschwinglich wird der Aufenthalt im Steigenberger Hotel Hamburg – ein 5-Sterne-Haus direkt am Alsterfleet – mit dem Frühbucherrabatt bis zu sieben Tage vor dem Aufenthalt. Wer sich mehrere Monate im Voraus festlegt, bekommt das Doppelzimmer (oder Einzelzimmer) schon für rund 115 statt der bestmöglichen Tagesrate von 139 Euro (ohne Frühstück). Des Beste: Der Zimmertyp wird erst bei Anreise vergeben – es kann also durchaus noch ein Upgrade in eine höhere Zimmerkategorie sein.
EZ, DZ im Frühbuchertarif ab ca. 115 Euro | 233 Zimmer | Heiligengeistbrücke 4 | Tel. 36 80 60 | www.steigenberger.com/hamburg | S 1–3 Stadthausbrücke, U 3 Rödingsmarkt | Neustadt

Ungewöhnliche Location: Mövenpick Hamburg im alten Wasserturm

> Die besten Abenteuer gibt's meist umsonst: Wo große und kleine Leute in Hamburg Spaß haben

Wer mit Kindern etwas unternimmt, der kann manchmal wahre Wunder erleben. Das Ziegengehege ist viel spannender als das Terrarium für seltene Schlangen. Das teure Geburtstagsgeschenk total langweilig im Vergleich zur Wasserpumpe im Park. Und der riesige Walzahn fesselnder als der neueste Kinderstreifen im Kino. Anders gesagt: Die teuren Freizeitvergnügungen bringen nicht unbedingt den meisten Spaß.

Deshalb finden Sie hier alles, was lustig ist, neugierig macht und klug – ohne dabei viel Geld zu kosten. In Hamburg gibt's sogar jede Menge kostenlose Angebote für Familien: Parks mit Plantschbecken, in denen man im Sommer umsonst toben kann, ein Zoologisches Museum, das zur Uni gehört und keinen Eintritt kostet oder einen Bauspielplatz, auf dem die Kleinen Meerschweichen beobachten können, Stockbrot backen oder auf einem Traktoranhänger durch den Park tuckern. Wir haben eine klare Grenze gezogen: Was für eine vierköpfige Familie mehr als 30 Euro Eintritt kostet, ist nicht günstig, damit – wir geben's zu – fallen ein paar Hamburger Klassiker raus aus dem Programm. Der guten Laune tut's keinen Abbruch: Tauchen Sie ein ins Hamburger Familienleben!

MIT KINDERN

AKTION & SPIEL

AUSSICHTSTERRASSE AM HAMBURG AIRPORT [152 C2]

Mama, das ist keine Boeing, das ist ein Airbus! Der internationale Flughafen der Stadt heißt Hamburg Airport, ist der fünftgrößte Deutschlands und einer der modernsten Europas. Es gibt also für Flugzeug-Fans eine Menge zu beobachten. Einen besonders guten Überblick hat man von den Aussichtsterrassen in Terminal 1 und 2 und beim Flughafen-Modell mit Flugbetriebssimulation. Da gibt's von Montag bis Sonntag um 10 und 13.30 Uhr Vorführungen. *Erw. 4,50, Kinder bis 14 J. 2,50, Familienkarte (Eltern u. 3 Kinder) 12,50 Euro | Flughafenstr. 1–3 | www.airport.de | S1 Hamburg Airport | Fuhlsbüttel*

CAFÉ STERNCHANCE [148 B1]

Im Sommer spielen die Kinder wunderbar draußen auf dem Spielplatz im Garten des Cafés in Sichtweite der Eltern, im Winter gibt's im Innenbereich eine Lego-Ecke sowie Maluntensilien. Schneewittchen, Sterntaler, Max und Moritz stehen auf der Kinderkarte im Café und Culturhaus Sternschanze, und es handelt sich dabei um Milchreis, Bratkartoffeln und Kartoffelpuffer – jeweils für zivile 2,80 Euro. Auch die Preise für Erwachsenenspeisen sind durchaus familienverträglich: Die meisten Hauptgerichte bleiben nämlich unter der 10-Euro-Grenze. Da wird ein Tag im Café Sternchance nicht gar so teuer. *Di–Fr 11–24, Sa 10–23, So 10–21 Uhr | Schröderstiftstraße 7 |*

Tel. 4 30 11 68 | www.sternchance.de | U 2, 3 Schlump | Schanzenviertel

Insider Tipp

CHOCOVERSUM [131 E4]

In diesem Universum dreht sich alles um Schokolade. Ob man den Urwaldklängen in einer großen Nachbildung der Kakaobohne lauscht, verschiedene Schokoladengewürze erschnuppert oder den Weg der Bohne zur fertigen Tafel in einem kleinen Kino beobachtet, alle Sinne kommen zum Einsatz. Kleine und große Schoko-Fans können mit einem Spielkran Säcke voller Bohnen selbst verladen, und die großzügige Ausstellungsfläche bietet genug Raum zum Entdecken (z.B. echte Kakao- und Gewürzpflanzen). Kinder bis 6 Jahre haben freien Eintritt, Erwachsene zahlen 9,50 Euro (ermäßigt 8 Euro), eine Familienkarte gibt es für 25 Euro. Im Preis enthalten sind Führungen (jeden Tag um 11, 12, 13, 14, 15 und 16 Uhr), bei denen die Geschmacksnerven gekitzelt werden: von der Rohmasse bis zum edlen Endprodukt darf Schokolade verkostet werden – eine süße Freude für jedes Alter. *Mo–So 10–18 Uhr |*

Schöner Spielplatz für Kids, die Großen essen derweil Kuchen: Café Sternchance

Meßberg 1 | Tel. 41 91 23 00 | www.hachez-chocoversum.de | U1 Meßberg | Altstadt

INDOO EISARENA [130 A3]

Europas größte Kunsteislaufbahn unter freiem Himmel liegt im Park Planten un Blomen – und hat natürlich nur im Winter geöffnet. Früher gab's hier Eislaufen mit viel Nostalgie-Faktor, seit einigen Jahren ist die Eisanlage in den Wallanlagen unter neuer Leitung. Hinzu gekommen sind Räume für Geburtstagsfeiern und ein Café mit Bio-Spezialitäten. Ansonsten gilt: bei guter Musik lockere Runden drehen. Kinder bis 16 Jahre 3,50, Erwachsene 4,50 (2,5 Stunden), Verleih ab 5 Euro. *Tgl. 10 bis 22, Ausnahme: Mi ab 17.30 Uhr exklusiv für Sportvereine | Holstenwall 30 | Tel. 3 19 35 46 | U3 St. Pauli | Neustadt*

SALON DU BLOC [148 A5]

Schon wieder Regen? Wer wird denn deshalb gleich die Wand hochgehen? In der Hamburger City sind das Eltern und ihre Kids ab 10 Jahren *(samstags ab 8 J.)*. Denn das Weltbouldercafé bietet indoor 400 m² Kletterfläche in einer Höhe von bis zu 4,50 m, und wer vor 16.30 Uhr kommt, zahlt weniger. Da alles mit Matten ausgelegt und gesichert ist, muss man beim Üben nicht mal angeseilt sein. Das ganze ist eine wirklich kreative Geschäftsidee: Wenn sich's ausgeklettert hat, geht man auf den Lounge-Balkon und schlürft Bio-Kaffee, im Shop gibt es Klettermotten, und eine Sauna fehlt auch nicht. Da kann man auch mal ohne Kinder wiederkommen ... *Eintritt vor 16.30 Uhr: Kinder bis 17 Jahre 6, Erw. 7,50 Euro | Mo, Mi 15–24, Di, Do 10–24, Fr 15–22, Sa 12–18, So 12–22 Uhr | Tel. 84 50 85 13 | Eppendorfer Weg 4 | www.salondubloc.de | U2 Christuskirche | Eimsbüttel*

SPIELSTADT HAMBURG XXL [134 B3]

Ab ins Bällebad, die Kletterwand hinauf oder den acht Meter hohen Tower mit vielen Spielmöglichkeiten erklimmen? Die Spielstadt Hamburg XXL bietet Spielspaß für Kinder bis 12 Jahre. Der citynahe Indoorspielplatz hat ein Bistro und spezielle Frühstücksangebote für Familien. Die Eintrittspreise variieren: Montag bis Freitag von 9.30 bis 12 Uhr dürfen Eltern umsonst rein (Kinder 5,90 bzw. 6,90 Euro am Wochenende).

Nachmittags zahlen Eltern 2,90–3,90 Euro. Die Familienkarte (2 Erw., 2 Kinder) kostet 15 Euro unter der Woche und 18 Euro am Wochenende. *Mo–Fr 9.30–19, Sa, So, Feiertags 10–19 Uhr | Papenreye 26 | Tel. 55 44 98 84 | www.spielstadt-hamburg.de | Bus 23, 34, 114 Spreenende | Groß Borstel*

LESUNGEN & THEATER

FUNDUS THEATER [150 B2]

Schon seit 1980 gibt's das Fundus Theater in Hamburg, das Stücke für Kinder zwischen drei und zwölf Jahren auf die Bühne bringt. „Jedes Stück ein eigener Kosmos" lautet das Motto der Theatermacherinnen Sylvia Deinert und Tine Krieg, denn auf der Bühne werden Schauspiel, Figurentheater, Film, Tanz und Musik gemixt. Neben Klassikern stehen Gastspiele und selbst entwickelte Stücke auf dem Programm. Kinder 6, Erwachsene 7 Euro. *Termine lt. Programm | Hasselbrookstraße 25 | Tel. 2 50 72 70 | www.fundus-theater.de | S 1, 11 Landwehr | Eilbek*

KINDERBIBLIOTHEK KIBI [149 E4]

Viele Standorte der Bücherhallen Hamburg bieten auch Programme für Kinder an. Besonders viele Termine finden Eltern aber in der Kibi am zentralen Standort. Neben wöchentlich stattfindenden Lesungen gibt's an jedem letzten Mittwoch im Monat von 16.45 bis 17.30 Uhr Bilderbuchspaß mit Musik für Kids ab 4 Jahre. Der Eintritt ist überall frei. Man kann aber auch einfach so ein Schmökerstündchen in der Bibliothek verbringen. Sie liegt zentral zur City und in der Nähe des Bahnhofs. *Mo–Sa 11 bis 19 Uhr | Hühnerposten 1 | Tel. 42 60 62 06 | www.buecherhallen.de | U 1 Steinstraße | St. Georg*

CLEVER!

> Tipps aus dem Netz

Das Internetportal der Stadt Hamburg informiert Familien über interessante und nützliche Angebote, Sehenswürdigkeiten und Veranstaltungen für große und kleine Leute, wie über den von der Hansestadt veranstalteten Familientag, der jedes Jahr während des Sommers stattfindet (www.hamburg.de/familientag). Eine weitere gute Quelle für aktuelle Veranstaltungstipps ist die Website des Jugendinformationszentrums Hamburg: www.kindernetz-hamburg.de

LITERATURHAUS [153 F1]

Das Literaturhaus Hamburg bietet für Kinder und Jugendliche mehrere regelmäßige Veranstaltungen, bei denen es um Bücher und um Philosophie geht. Bei „Spaß mit Büchern" erleben Vor- und Grundschüler Lesungen, Theaterstücke, Comics und Hörspiele. Der Eintritt ist frei, die Veranstaltungen finden einmal im Monat mittwochnachmittags statt. Der „sta*-club" wendet sich an Jugendliche ab 14 Jahren. Fünf mal im Jahr haben sie die Chance, Autoren zu Lesungen zu treffen und mit ihnen zu sprechen. Der Eintritt ist frei. Fest im Programm ist auch „Gedankenflieger", eine Veranstaltung, bei der kleine Leute ab sieben Jahren mit interessanten großen Leuten philosophischen Fragen nachgehen (3 Euro). *Eintritt meist frei | Literaturhaus Hamburg e.V. | Schwanenwik 38 | Tel. 22 70 20 11 | www.julit-hamburg.de | Bus 6, 37, 172, 173 Mundsburger Brücke | Uhlenhorst*

MUSEEN

FREILICHTMUSEUM AM KIEKEBERG [152 C4]

In diesem Museum zahlen Kinder und Jugendliche unter 18 Jahren keinen Eintritt und können viel entdecken: wie Pommersche Gänse aussehen, wie man früher schmiedete oder webte – ja überhaupt, wie unsere Vorfahren in der Lüneburger Heide lebten. 30 historische Gebäude erzählen vom Leben zwischen 1600 und den 1950-er Jahren, und überall gilt: anfassen ist erlaubt! Oft kann man den Mitarbeitern beim Handwerken zusehen. Erwachsene zahlen 9 Euro. Falls die Kleinen noch nicht so gut laufen: An der Kasse gibt's gegen Pfand einen Bollerwagen. *Di–So 10–18 Uhr | Am Kiekeberg 1, 21244 Rosengarten | Tel. 7 90 17 60 | www.kiekeberg-museum.de | Bus 340, 4244 Museum Kiekeberg*

KUNSTHALLE [131 E2]

Die Hamburger Kunsthalle bietet nicht nur gut bezahlbare Ferienprogramme, sondern samstags auch ein tolles Angebot für Familien: Für 11 Euro mit der ganzen Familie (1 Erw. mit Kindern 6 Euro) können die Großen sich der Kunst widmen, während der Nachwuchs (5–12 J.) mit Museumspädagogen loszieht, um Kunst zu betrachten und welche herzustellen. *Am Sa Familie 11 Euro | Sa 14–17 Uhr | Galerie der Gegenwart | Glo-*

ckengießerwall | Tel. 428131214 | www.hamburger-kunsthalle.de | U-/S-Bahnen Hauptbahnhof | St. Georg

Insider Tipp ZOOLOGISCHES MUSEUM DER UNIVERSITÄT HAMBURG [140 B5]

Hier gibt es ein Wiedersehen mit Antje, dem einst 750 kg schweren Walross, das über 20 Jahre NDR-Maskottchen war und 2003 starb. Die Tiere im zoologischen Museum sind – wie Antje – allesamt präpariert. Angestaubt ist die Ausstellung trotzdem nicht, sondern für Eltern mit Kindern ein lebendiger Ausflug in die wunderliche Welt der Tiere: Skelette und Gebisse von Walen, Raubkatzen und viele ganz kleine Krabbeltiere – mit rund 10 Mio. (!) Objekten ist die Sammlung des Zoologischen Museums Hamburg eine der wichtigsten in Deutschland. Der Eintritt ist frei. *Eintritt frei | Di–So 10–17 Uhr, ftgs. geschl. | Martin-Luther-King-Platz 3 | Tel. 42838 2276 | U2, 3 Schlump | Eimsbüttel*

PARKS & NATUR

BOBERGER SEE [153 D3]

Er entstand in den 1950er-Jahren, weil man Kies für den Bau von Straßen brauchte: Der Boberger See liegt im Naturschutzgebiet Boberger Niederung und bietet Strand und Sanddünen. Der Badestrand am Nordostufer ist für Familien geeignet – an schönen Sommertagen ein Ganztages-Ausflugsziel. Die Landschaft im

CLEVER!

> Umsonst planschen

Zahlreiche Spielplätze bieten im Sommer große Plantschbecken oder Spielmöglichkeiten an der Wasserpumpe. Die Becken werden im Hochsommer regelmäßig gereinigt bzw. neu eingelassen. Schöne Bademöglichkeiten gibt es z. B. im Hayns Park *(U1 Hudtwalckerstraße)*, beim großen Spielplatz im Stadtpark *(U3 Borgweg)* oder im Park am Weiher *(Bus 20, 25 Goebenstraße)*. Wasserspiele mit Pumpe stehen auf dem Spielplatz Planten un Blomen *(U1 Stephansplatz)* sowie im Innocentiapark *(U3 Hoheluftbrücke)*. In Betrieb sind die Anlagen aber nicht immer schon gleich am ersten schönen Sommertag!

Südosten der Hansestadt ist eine der artenreichsten Hamburgs. Auf ausgewiesenen Liegeflächen, etwa am See, darf man sich's gemütlich machen, ansonsten gilt: auf den Wegen bleiben. *Eintritt frei | Zugang z. B. über Billwerder Billdeich | Bus 330 Billwerder Kirche | Lohbrügge*

NIENDORFER GEHEGE [133 E3]

Hier kann man mitunter vergessen, dass man mitten in der Stadt ist: 142 ha ist das Niendorfer Gehege groß und somit das größte zusammenhängende Waldgebiet des Bezirkes Eimsbüttel. Im Niendorfer Gehege gehen die Hamburger joggen, spazieren, reiten – und die Kinder füttern das Damwild im Gehege. Danach geht's noch eine Runde toben, und zwar auf den sonnigen, in einer Waldlichtung gelegenen Spielplatz mit extra-breiter Rutsche und Holzklettergerüsten. *Eintritt frei | U2 Niendorf Markt | Niendorf*

SCHWIMMBÄDER

FESTLAND [147 F3]

Achtung, Dinos am Wasser: Das Festland punktet mit Deutschlands größter Wasserspiellandschaft, die 900 m² groß ist, konzipiert speziell für größere Kinder bis zwölf Jahre. Am Beckenrand haben sich Urzeit-Riesen breit gemacht, außerdem gibt es im Festland eine Rutsche und geheimnisvolle Höhlengänge. Eine vierköpfige Familie bezahlt für 3 Stunden 14,70 Euro. *Mo–Fr 9–21, Sa, So 10–21 Uhr | Holstenstraße 30 | www.baederland.de | S1–3 Reeperbahn | Altona-Altstadt*

FREIZEITBAD BONDENWALD [133 E1]

Das Bondenwald-Bad hat einen eigenen Kleinkindbereich, in dem die Zeit für kleine Leute – und damit auch für große – wie im Flug vergeht. Weitere Highlights: ein ganzjährig nutzbares Außenbecken, im Sommer zusätzlich ein 50-Meter-Becken mit Rutsche sowie ein Kinder- und Matschspielplatz, auf dem die Kids sich richtig austoben können. Eine vierköpfige Familie zahlt für 3 Std. 14,70 Euro. *Mo–Fr 9–22, Sa, So 8–22 Uhr | Friedrich-Ebert-Straße 71 | www.baederland.de | Bus 5, 191 Freizeitbad Bondenwald | Niendorf*

KAIFU-BAD [140 B4]

Citynahes Schwimmbad mit großem Freibad-Bereich: Es gibt draußen ein

Kleinkind-Plantschbecken mit Rutsche und wasserspeienden Tieren sowie ein beheiztes Ganzjahres-Außenbecken und ein 50-Meter-Becken für Schwimmer. Das Kaifu-Bad ist Hamburgs ältestes Schwimmbad, im Innenbereich vor einigen Jahren komplett renoviert. Schöne Liegeplätze auf der Wiese. Eintritt für eine 4-köpfige Familie: 11,80 Euro. *Mo–Fr 9 bis 24, Sa und So 10–23 Uhr | Hohe Weide 15 | www.baederland.de | U2 Christuskirche | Eimsbüttel*

SHOPPING

KINDER KAUFHAUS SECONDINO [140 B4]

Das Sortiment dieses Kindergeschäfts umfasst gebrauchte Kleidung und Spielzeug, aber auch viele ungewöhnliche neue Sachen wie Holzspielzeug aus Sachsen, dänische Markenkleidung (bis zu 50 Prozent reduziert) und eine gewaltige Auswahl an Regenbekleidung. Bekannt ist das Kinder Kaufhaus Secondino für die gute Beratung, was Tragetücher und Komfort-Babytragen angeht. Praktisch: Man kann in diesem Geschäft viele Gegenstände, die man nur kurzfristig benötigt, mieten, z. B. Beistellbettchen (ab 15 Euro/Monat), Kinderwagen, Buggys oder Stubenwagen. *Mo 12–18, Di–Fr 10–18, Sa 11–16 Uhr | Grindelallee 184 | Tel. 41 76 21 | www.secondinohamburg.de | Bus 5, 15 Bezirksamt Eimsbüttel | Harvestehude*

ZWERGENAUFSTAND [139 E4]

Kleider, Bücher und Spiele: Bei Zwergenaufstand in Eimsbüttel gibt's für Kinder Sachen aus zweiter Hand. Wer ein bisschen stöbert, der kann in dem kleinen, verwinkelten Laden das eine oder andere Schnäppchen machen. Markenjeans z. B. kosten 6 bis 10 Euro. Bei den Spielen und Büchern findet man viele bekannte Titel. Auch Laufräder und Buggys stehen zum Verkauf stehen zum Verkauf. Die Preise sind – vor allem für Markenklamotten – wirklich moderat, die Sachen kosten etwa ein Drittel des Neupreises. *Mo–Fr 10–18.30, Sa 10–14 Uhr | Lappenbergsallee 29 | Tel. 65 86 89 01 | www.second-hand-zwergenaufstand.de | Bus 4 Apostelkirche | Eimsbüttel*

SPIELPLÄTZE

PLANTEN UN BLOMEN [148 B2–C2]

Die Großen können hier Pflanzen gucken, aber so richtig viel Programm bietet Planten un Blomen Kindern,

Bild: Viel Platz zum Klettern und Toben – Spielplatz Planten un Blomen

vor allem zwischen Mai und Ende August. Neben einem riesigen, tollen Spielplatz gibt's dann nämlich den Kindersommer: Theater, Verkehrskasper, Zirkus-Shows für Kinder ab vier Jahren – alles kostenfrei. Lediglich fürs Trampolinspringen (2 Euro/15 Min.) und fürs Ponyreiten (2,50 Euro/Runde) müssen Eltern bezahlen. *Eintritt frei |Eingang St. Petersburger Straße | plantenunblomen.hamburg.de |U 1 Stephansplatz |Neustadt*

STADTPARK [141 E1–F1]

Dieser riesige Spielplatz liegt mitten im Stadtpark und hat einfach alles, was man für einen perfekten Familientag braucht: Kleinkindgeräte, Klettergerüste, Seilbahn, Beachvolleyball-Feld für Größere, viele Rasenflächen und schattenspendende Bäume, dazu ein enormes Plantschbecken mit einem Sandstreifen drum herum und ein Restaurant-Café, WC und Imbiss direkt daneben. *Eintritt frei | U 3 Borgweg | Winterhude*

TIERE & MEHR

BAUSPIELPLATZ EPPENDORF [140 C1]

Meerschweinchen, Ziegen und Hühner beobachten, Kettcar fahren und (im Sommer) auf dem Traktoranhänger eine Runde durch den Eppendorfer Park tuckern: Auf dem Bauspielplatz Eppendorf e.V. wird vor allem für kleine Kinder viel Spannendes

CLEVER!

> Hamburger Ferienpass

Einen Computerkurs machen, tanzen lernen, ins Museum gehen? Der Hamburger Ferienpass gilt jeweils für die Sommer- und Herbstferien – er ermöglicht die vergünstigte Teilnahme für ganz viele Events: Aktiv sein im oder auf dem Wasser, Sportveranstaltungen, Theater spielen oder zuschauen, Musikkurse, Lesungen, Besuche von Spiel- und Tierparks. Das Programmheft, aus dem sich der Pass heraustrennen lässt, gibt's kostenlos in den Filialen der Buchhandlung Heymann und denen von Budnikowsky, in den Bücherhallen und bei den Bezirks- und Jugendämtern der Stadt. *www.hamburg.de/ferienpass*

geboten. Die Angebote sind fast alle kostenlos, man kann den Verein aber als Mitglied mit 6 Euro im Jahr (oder auch mehr) unterstützen. Auf dem Wochenprogramm stehen unter anderem Töpferkurse, Basteln, Tiergruppe oder, besonders spannend, Freitag nachmittags: Stockbrot rösten am offenen Feuer. Ab und zu veranstaltet der Bauspielplatz Flohmärkte und im Herbst ein Laternenfest. *Eintritt frei | Mo–Fr 10–12.30 und 14–18 Uhr | Frickestraße 1 | Tel. 428 04 26 77 | www.baui-eppendorf.de | Bus 20, 25 Eppendorfer Park (UKE) | Eppendorf*

GUT WULFSDORF **[139 D5]**

Kartoffeln ernten, Tiere gucken, Plätzchen backen: Der Demeter-Bauernhof Gut Wulfsdorf in Ahrensburg nordöstlich von Hamburg bietet das ganze Jahr über ein tolles Programm für Stadtkinder, die einmal Land- und Stallluft schnuppern möchten. Die regelmäßigen Veranstaltungen kosten meist nur einen kleinen Unkostenbeitrag. Die Eltern können sich derweil einen Espresso mit Biotörtchen im Café genehmigen oder ganz entspannt gesunde, leckere Sachen im angeschlossenen Hofladen einkaufen. Gern dürfen Familien auch einfach so auf dem Hof vorbeischauen, allerdings nur zu den Öffnungszeiten des Hofladens. *Eintritt frei oder bis ca. 5 Euro p. P. u. Veranstaltung | Mo–Fr 9–18.30, Sa 8–16 Uhr | Tel. 04102 3 25 87 | Bornkampsweg 39, 22926 Ahrensburg | www.gutwulfsdorf.de | U1 Buchenkamp (von dort ca. 15 Min. Fußweg).*

WILDPARK SCHWARZE BERGE **[152 C4]**

Deutlich günstiger und bestimmt nicht weniger spannend als ein Zoo: Im Wildpark Schwarze Berge südlich von Hamburg dürfen die Kleinen mit Futter aus dem Automaten viele Tiere füttern, Braunbären und Wölfe, Dachse und Zwergotter beobachten sowie Damwild aus nächster Nähe erleben und anderes mehr. Weitere Highlights: eine Greifvögel-Flugschau, das beliebte Streichelgehege für die Kleinen und eine Köhlerhütte, in der man ganz rustikal Würstchen grillen kann. Erw. zahlen 8,50, Kinder (3–14 Jahre) 6,50 Euro. *April–Okt. tgl. 8–18, Nov.–März tgl. 9–17 Uhr | Am Wildpark 1, 21224 Rosengarten | Tel. 81 97 74 70 | www.wildpark-schwarze-berge.de | Bus 340 Wildpark Schwarze Berge*

KARTENLEGENDE

	Bebaute Fläche	Built-up area	Terrain bâti
	Öffentliche Gebäude	Public Building	Bâtiment public
	Industriegelände	Industrial area	Zone industrielle
	Wald / Park	Wood / Park	Bois / Parc
	Sportplatz / Kleingarten	Sports field / Allotment ground	Terrain de sports / Jardins particuliers
	Autobahn und Schnellstr.	Motorway / Motorroad	Autoroute / Route à plusieurs voies
	Bundesstraße	National road	Route nationale
1	Ring 1, 2, 3	Traffic-Ring	Boulevard périphérique
	Hauptstraße	Main road	Route principale
	Eisenbahn	Railway	Chemin de fer
S	S-Bahn	Suburban railway	Train regional
U	U-Bahn	Underground	Métro
	Einbahnstraße	One way street	Sens unique
163	Buslinie	Bus route	Autobus
	Fußgängerzone	Pedestrian precinct	Zone piétonne
	Ev. - / Kath. Kirche	Protestant church / Catholic church	Église protestante / Église catholique
	Sonstige Kirchen	Other churches	Autres Églises
	Post	Post office	Bureau de poste
	Polizeiwache	Police Station	Poste de Police
	Krankenhaus	Hospital	Hôpital
S	Schule	School	École
K	Konsulat	Consulate	Consulat
F	Feuerwache	Fire station	Poste de pompiers
P+R	Park and Ride	Parkplatz an S- und U-Bahnhöfen	
T	Theater	Theatre	Théâtre
	Hallenbad	Indoor swimming pool	Piscine couverte
	Freibad	Open-air swimming pool	Piscine de plain air
i	Informationsbüro	Information centre	Bureau de renseignements

Die Kartenprojektion (Hyperboloid)
bewirkt eine Maßstabsveränderung von der Innenstadt zu den Außenbezirken. Dadurch kann das Stadtzentrum lesbarer dargestellt werden (Lupeneffekt). Das schwarze Gitternetz dient zum Messen der Entfernungen; der Abstand von Linie zu Linie beträgt genau einen Kilometer.

CITYATLAS HAMBURG

> Auf den Seiten 128/129 finden Sie eine *Übersichtskarte* mit den 10 wichtigsten Sehenswürdigkeiten.

> Eine *Umgebungskarte* vom Großraum Hamburg befindet sich auf den Seiten 152/153.

> Das *Straßenregister* (ab Seite 154) enthält eine Auswahl der im Cityatlas dargestellten Straßen und Plätze.

HAMBURG IM ÜBERBLICK

> *Stadtviertel zur Orientierung*

★ **NICHT VERPASSEN: Die Top 10 der besten Sehenswürdigkeiten (Die Beschreibungen finden Sie auf den Seiten 14 und 15)**

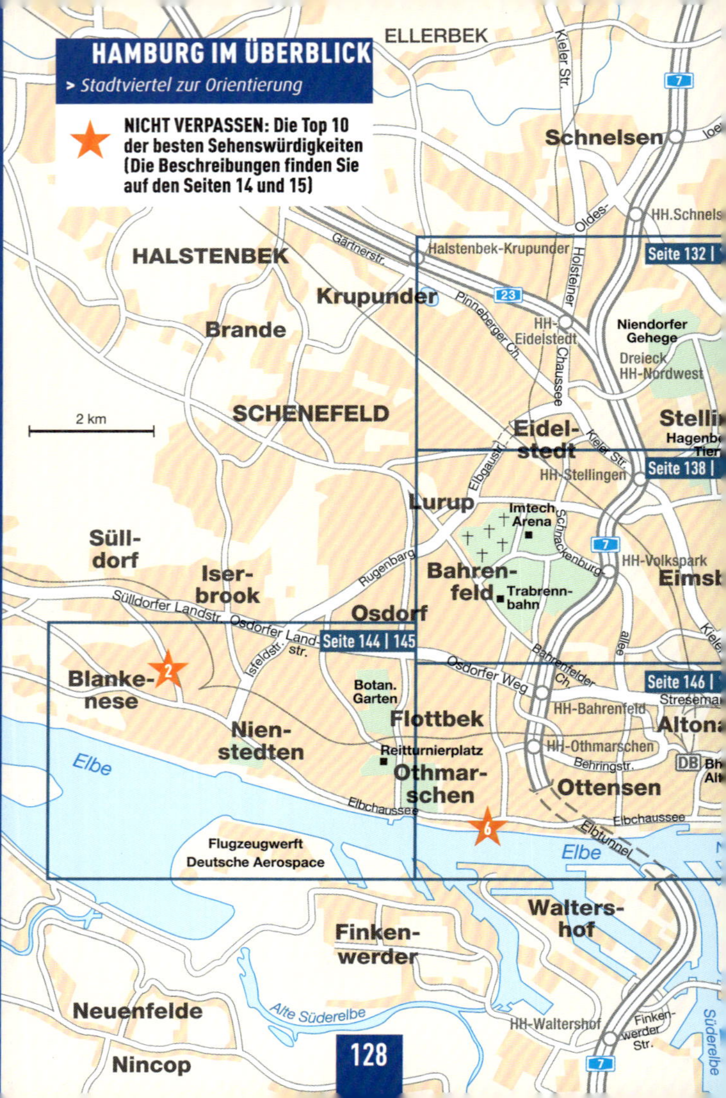

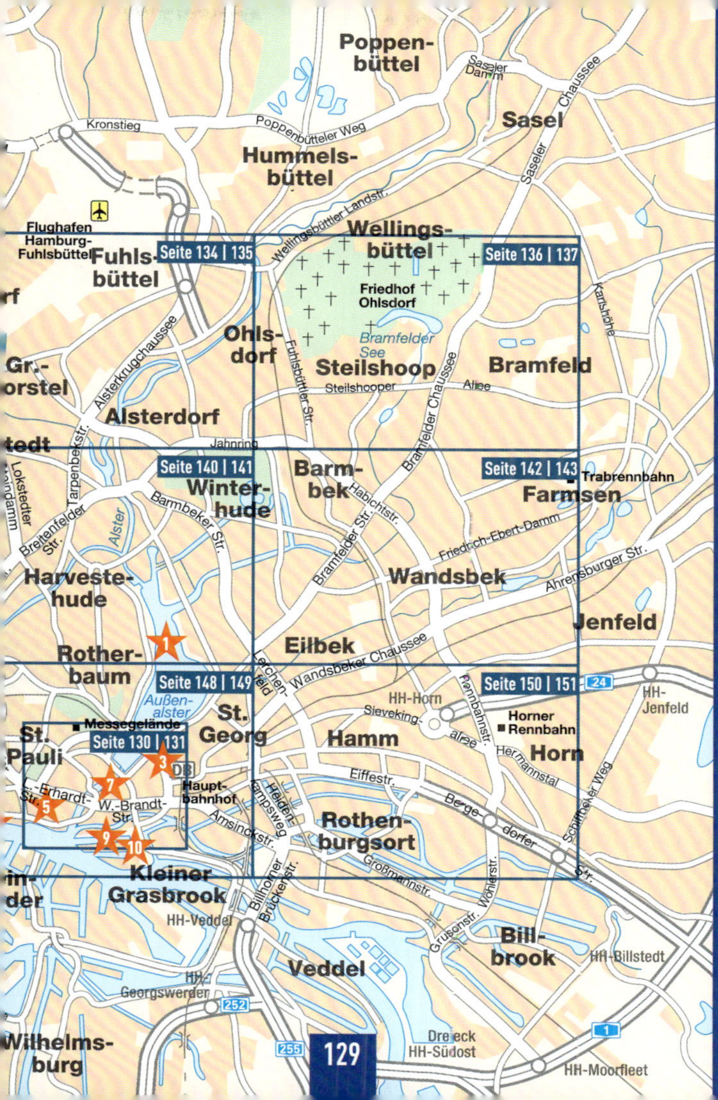
Poppen-
büttel
Saseler
Damm
Sasel
Chaussee
Kronstieg
Poppenbütteler Weg
Hummels-
büttel
Saseler
Wellingsbüttler Landstr.
Wellings-
büttel
Flughafen
Hamburg-
Fuhlsbüttel
Fuhls-
büttel
Seite 134 | 135
Seite 136 | 137
Friedhof
Ohlsdorf
Karlshöhe
Ohls-
dorf
Fuhlsbüttler Str.
Bramfelder
See
Steilshoop
Bramfeld
Steilshooper
Allee
Gr.-
orstel
Alsterkrugchaussee
Alsterdorf
Bramfelder Chaussee
tedt
Jahnring
Lokstedter
Tarpenbekstr.
Seite 140 | 141
Barm-
bek
Seite 142 | 143
Trabrennbahn
Winter-
hude
Farmsen
Barmbeker Str.
Habichtstr.
Friedrich-Ebert-Damm
Breitenfelder
Str.
Alster
Bramfelder Str.
Ahrensburger Str.
Harveste-
hude
Wandsbek
Jenfeld
Rother-
baum
Eilbek
Lerchen-
feld
Wandsbeker Chaussee
Seite 148 | 149
Seite 150 | 151
24
Außen-
alster
HH-Horn
Rennbahnstr.
HH-
Jenfeld
St.
Georg
Sieveking-
allee
Horner
Rennbahn
Messegelände
St.
Pauli
Seite 130 | 131
Hamm
Hermannstal
Horn
DB
Eiffestr.
Schiffbeker Weg
L.-Erhardt-
Str.
W.-Brandt-
Str.
Haupt-
bahnhof
Heiden-
kampsweg
Berge-
dorfer
Str.
Amsinckstr.
Rothen-
burgsort
Großmannstr.
Kleiner
Grasbrook
Billhorner
Brückenstr.
Wöhlerstr.
HH-Veddel
Grusonstr.
Bill-
brook
HH-Billstedt
Veddel
HH-
Georgswerder
252
1
Wilhelms-
burg
255
Dreieck
HH-Südost
HH-Moorfleet

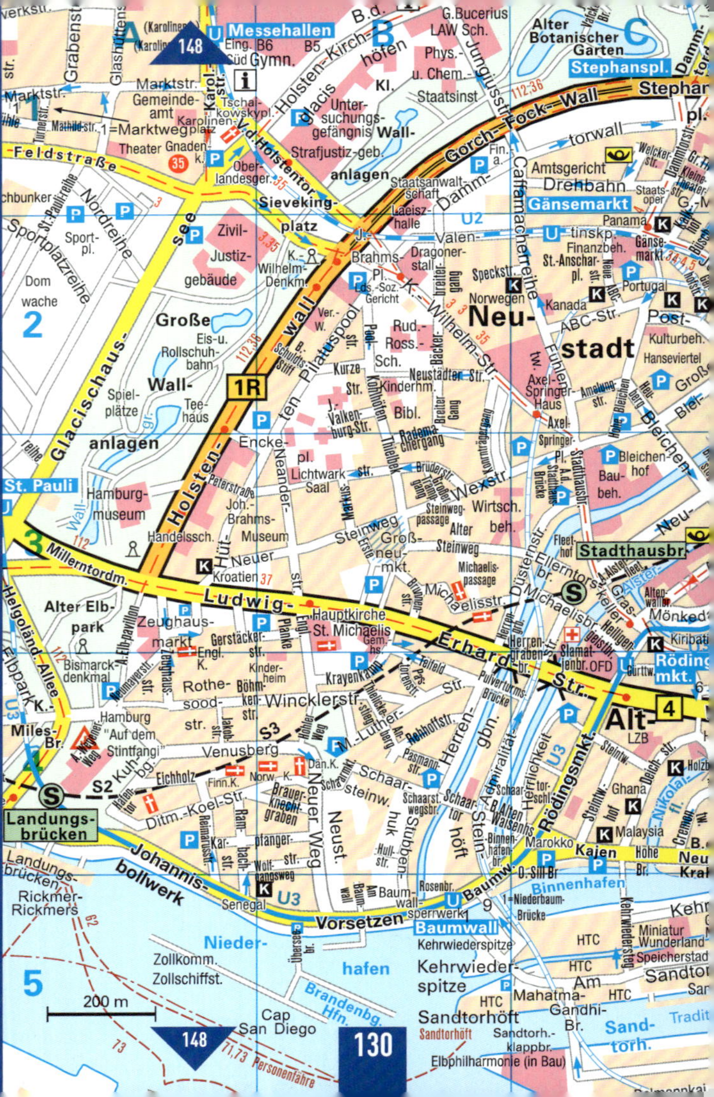
Messehallen
148
A
B
C
Karolinenstr.
Eing. B6
B5
Süd
Gymn.
Holsten-Kirch-
höfen
G.Bucerius LAW Sch.
Phys.- u. Chem.-
Staatsinst.
Jungiusstr.
Alter Botanischer Garten
Stephanspl.
Damm-
Stephan
Grabenst.
Glashüttenstr.
Marktstr.
Gemeinde-amt
1=Marktwegplatz
Mathildestr.
Turnerstr.
Karolinen-
Tschaikowskypl.
Glacis
Unter-suchungs-gefängnis
Wall-
anlagen
Strafjustiz-geb.
Gorch-Fock-Wall
torwall
Feldstraße
Theater
Gnaden-k.
35
Ober-landesger.
v.d.Holstentor
Staatsanwalt-schaft
Laeisz-halle
Damm-
Fin.-a.
Amtsgericht
Drehbahn
Caffamacherreihe
Gänsemarkt
Staats-oper
Welckerstr.
Dammtorstr.
Hochbunker
Nordreihe
St.Pauli-Reihe
Sportplatzreihe
Sport-pl.
Dom
wache
see
Zivil-
Justiz-
gebäude
Sieveking-
platz
Wilhelm-Denkm.
Brahms-Pl.
Lds.-Soz. Gericht
Dragoner-stall
Valentinskp.
U2
Finanzbeh.
St.-Anschar-pl.
Gänse-markt
Panama
Specksstr.
Norwegen
Kanada
Portugal
Post-
Kulturbeh.
Hanseviertel
2
Große
Eis-u. Rollschuh-bahn
Wall-
Tee-haus
Spiel-plätze
Wallring
1R
Ver.-W.
Schulds-Stift
Pilatuspool
Poolstr.
Rud.-Ross.-Sch.
Bäckerbreitergang
K.-Wilhelm-Str.
Neustadt
Axel-Springer-Haus
Fuhlentwiete
ABC-Str.
Amelungstr.
Bleichen
Kurze Str.
Kohlhöfen
Kinderhm.
Neustädter Str.
Bibl.
J.-Valkenburg-Str.
Breiter Gang
Glacischaus-see
Glacis-
anlagen
gr. Wallanlagen
Encke-pl.
Neander-str.
Thielbek
Rademachergang
Lichtwark-Saal
Axel-Springer-Pl.
Stadthausbr.
Bleichen-hof
Bau-beh.
St. Pauli
Peterstraße
Joh.-Brahms-Museum
Hamburg-museum
Holsten-wall
Markusstr.
Wexstr.
Brüderstr.
Steinweg-passage
Wirtsch.beh.
Stadthausbr.
Neu-
Handelssch.
112
3
Millerntordm.
Hütten
Neuer Kroatien
37
Steinweg
Erste
Groß-neu-mkt.
Alter Steinweg
Michaelis-passage
Fleet-hof
Ellerntorsbr.
Michaelisbr.
Alsterfleet
Alten-wallbr.
Mönkedamm
Ludwig-Erhard-Str.
Alter Elb-park
Zeughaus-markt
Gerstäcker-str.
Hauptkirche St. Michaelis
Engl. Planke
Brunnenstr.
Michaelisstr.
Herrengraben-br.
Slamat-jenbr.
OFD
Kiribati
Rödingsmkt.
Helgoländ. Allee
Elbpark
A.-Elb-pavillon
Engl. K.
Kinder-heim
Krayenkamp
Teilfeld
Pulverturms-Brücke
Bismarck-denkmal
Neumayerstr.
Zeughausstr.
Rothe-sood-str.
Böhmkenstr.
Wincklerstr.
Thielbeck-stieg
Alt-
4
LZB
U3
Miles-Br.
K.-
Hamburg "Auf dem Stintfang"
Jakobstr.
S3
Venusberg
Hohler Weg
M.-Luther-Str.
Rehhoffstr.
Pasmannstr.
Herren-graben
Admiralitätstr.
Herrlichkeit
Rödingsmkt.
Steintw.
Ghana
Holzbrücke
Deichstr.
Nikolaifl.
A.-Wegener-Weg
S2
Kuhberg
Eichholz
Finn.K.
Norw.K.
Dän.K.
Schaar-steinw.
Schaarst.
Schaar-tor
Schaarsteinwegsbr.
Stubbenhuk
Höft
Stein-höft
B. Alten Walsenhs.
Schaar-torschl.
Hafentor
Ditm.-Koel-Str.
Brauer-knecht-graben
Neuer Weg
Neust.
Landungs-brücken
Reimarusstr.
Kar-pfanger-str.
Rambachstr.
Wolfgangsweg
Hullstr.
Binnen-hafenbr.
Marokko
Malaysia
Kajen
Hohe Br.
Cremon
Neue Kr.
Johannis-bollwerk
Landungs-brücken
Rickmer-Rickmers
Senegal
U3
Baumwall
Baum-wall
Rosenbr.
Niederbaum-sperrwerk
O.-Sill-Br.
Binnenhafen
1=Niederbaum-Brücke
Kehrwiedersteg
Kehrwieder
Vorsetzen
Baumwall
Kehrwiederspitze
HTC
Miniatur Wunderland
Speicherstadt
Nieder-hafen
Zollkomm.
Zollschiffst.
Überseebr.
Kehrwieder-spitze
Am Sandtorkai
Sandtor
5
200 m
Brandenbg. Hfn.
Mahatma-Gandhi-Br.
Sand-torh.
Traditionsschiffhafen
Cap San Diego
Sandtorhöft
Sandtorh.-klappbr.
Elbphilharmonie (in Bau)
148
71,73 Personenfähre
73
62
Dalmannkai

D
E
F
7=Hans-Grahl-Weg
Außen-
alster
Bhf.:
R10,R20
R30,R40
R50,R70
149
St.
Georg
Alster
Heerlein-
Zindler-Stiftung
Gurlittstr.
Kennedybrücke
S11,S21,S31
S31
Lombards-br.
Monaco
Binnen-
alster
8=Schmiedestr.
Anlegest.
Jungfernstieg
1R
Glockengießerwall
Jamaika
Singapur
Indien
Kunsthalle
Thailand
Holzdamm
Koppel
Carl-von-Ossietzky-Pl.
Greifswalder Str.
Lange
Bieberhaus
Ernst-Merck-Str.
Einw.-meldeamt
Heidi-Kabel-Pl.
Kirchenallee
Hach-mannpl.
Hansa-pl.
Ellmenreich-str.
Bremer
Hansa-Theater
Steindamm
Hbf. Nord
Hauptbhf.
S1,S2,S3
U2
Georgs-pl.
Island
Österreich
Lilienstr.
Gertrudenstr.
Ferdinandstr.
Reesendammbr.
Ballindamm
Alstertor
Thalia-theater
Schweiz
Japan
Raths.-schleuse
Rathaus
Rathausstr.
Hermannstr.
Europa Passage
Paulstr.
Gerh.-Hauptmann-Pl.
Landesbank
Spitalerstr.
Kenia
Mönckebergstr.
U3
Steintordamm
Steintorwall
Wallringtunnel
Hbf. Süd
ZOB
Mus. f. Kunst u. Gewerbe
Steintorpl.
Einw.-meldea.
Steinstr.
Steinstraße
St. Petrik.
Speersort
I.-Ehre-Pl.
Bugenhagenstr.
Finanzamt
Jakobikirchhof
City Hof-Passage
Altmann-br.
August-Bebel-Park
DB-AG
Münzstr.
Münze
Schmidt-Pl.
Westerstr.
Niederl.
Schauenburgstr.
Alter Fischmkt.
Schopenstehl
Rumän.
Burchardstr.
Burchardplatz
Altstädter Str.
Johanniswall
Klosterwall
Chilehs.
Pumpen
Deichtorpl.
Markthallen
Bleichtunnel
Nordkanalbrücke
Domstraße
Reichenstr.
Papua-Neu-guinea
Brandstw.
U1
Meßberg
Zoll
Hauptzollamt
Zollmus.
Dovenfleet
Brandt-
Nikolaibr.
St. Kathar.-K.
Katharinenkirchhof
Alter Wandrahm
Neuer Wandrahm
Benin
Brook
St. Annen
Zippelhs.
Oberbaumbr.
Deichtorhallen
Deichtorstr.
Bahnbetriebsbhf.
Oberhafen
Ericusspitze
Spiegel-Hochhaus
Ericus-br.
Amt für Wasserwirtsch. u. Stadtentw.
Banksstr.
Oberhafenbrücke
Hammerbr. Schl.
Brooktorkai
Poggenmühle
Shanghaibrücke
Ericusgr.
Pickhuben
Brooktorh.
León-brücke
Int. Maritimes Mus.
Stockmeyerstr.
Dar-es-Salaam-Platz
Koreastr.
Hongkongstr.
Shanghaiallee
Lohsepl.
Steinschanze
Yokohamastr.
Osakaallee
Magdeb. Hafen
Übersee-
Singapurstr.
Sandtorpark
Am Sandtorpark
Sandtorkai
Kita
Am Dalmannkai
Heizwerk
Ökumen.
Großer Grasbrook
Infopavillon Überseequartier
Überseeallee
Hafen-City
R30,R40
R50
1
2
3
4
5
149

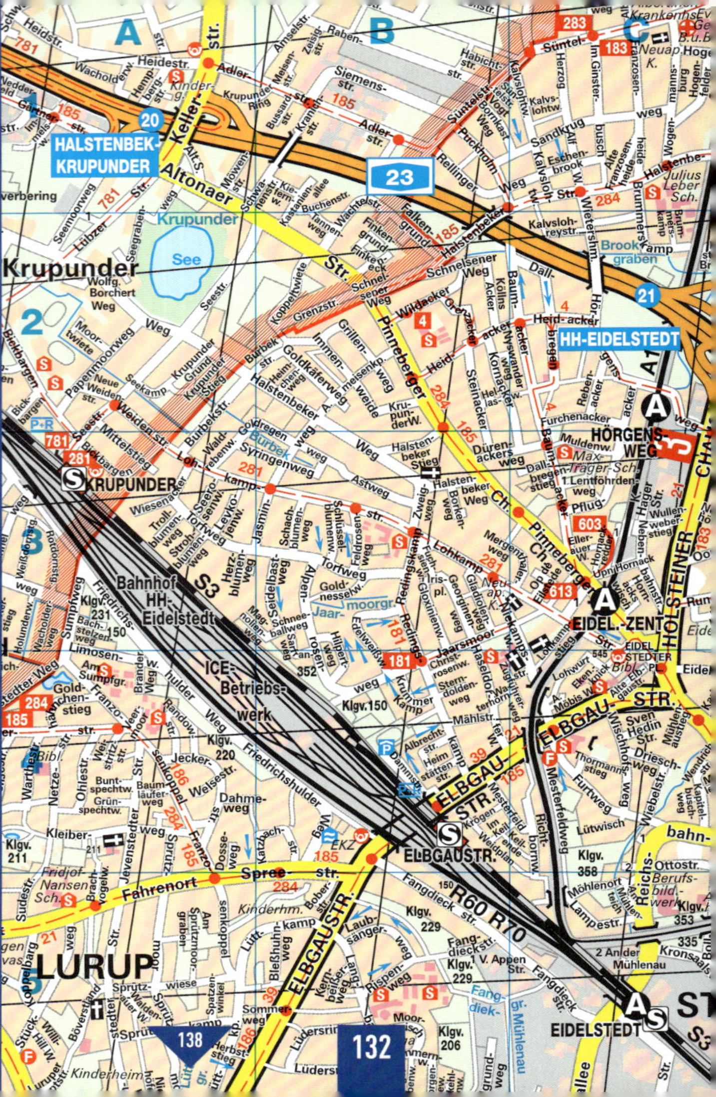
A
B
C
2
3
4
5
HALSTENBEK-KRUPUNDER
Krupunder
Krupunder See
Altonaer Str.
Keller-str.
Heidestr.
Adlerstr.
Siemensstr.
Süntelstr.
23
20
21
HH-EIDELSTEDT
HÖRGENSWEG
Halstenbeker Weg
Pinneberger Str.
Pinneberger Ch.
Schnelsener Weg
Heidacker
Baumacker
Dällbregen
Furchenacker
Max-Träger-Sch.
Lohkamp
Papenmoorweg
Weidenstr.
Mittelstieg
KRUPUNDER
Bahnhof HH-Eidelstedt
S3
ICE-Betriebswerk
Friedrichshulder Weg
Jaarsmoor
Redingskamp
EIDEL.-ZENT.
HOLSTEINER CHAUSSEE
ELBGAUSTR.
ELBGAUSTR.
Mesterfeldweg
Fahrenort
Spreestr.
Fangdieckstr.
R60 R70
Lurup
Sprützmoor
Elbgaustr.
EIDELSTEDT
Mühlenau
Kronsaalsweg
Ottostr.
Lüttkamp
Rispenweg
Laubsängerweg
Sprützwiese
Kinderheim
Kinderhm.
Fridjof-Nansen Sch.
Klgv. 150
Klgv. 220
Klgv. 229
Klgv. 211
Klgv. 358
Klgv. 206
Klgv. 231
185
281
284
781
183
283
603
613
181
186
39

138

NIENDORF
Niendorfer Gehege
DREIECK HH-NORDWEST
LOKSTEDT
Niendorfer Kirchhf.
Hagenbecks Tierpark
Friedrich-Ebert-Str.
Frohme Str.
Kollau
Röthmoorgraben
Kollauwanderweg
Niendorfer Kirchenweg
Max Zelck Str.
Bindfeldweg
Hadermanns Weg
Dachsberg
Am Ree
Sellhoops-weg
Heidloh
Wählingsweg
Jungborn
Graf Johann Weg
Siekreystr.
Vörn Brook
Lerchenkamp
Beentkamp
Holloswisch
Amerkamp
Gehege
Bussardweg
Vogt-Kölln-Str.
Kollenhof
Oldenburger Str.
Steinburger Str.
Niewisch
Holtwisch
Imbekstieg
Wördemanns Weg
Kieler Str.
Lokstedter Grenzstr.
Hagenbeckallee
Hagendeel
HAGENDEEL
Wullwisch
Lieth
Stellinger Ch.
Vogt-Wells-Str.
Gazellenkamp
NDR Fernsehen
Hugh-Greene-W.
Finanzamt
Vosseler-Str.
Schillingsbek
Döhrnstr.
Lokstedter Holt
Langenfurt
Schmiedekoppel
Rumland
Amsinckpark
Wasserwerk
Univers. Hamburg
FB.Informatik
D-K-H Krkhs. Alten Eichen
Sportplatzring
HAGENBECKS TIERPARK
NIEND. MARKT
NIENDORF MARKT PL.
MÄHL-STR.
Joachim Mähl St.
Seesrein
Graf Anton W.
Wendloh
Sorge
Ubierweg
Klgv. 217
Klgv. 308
Klgv. 313
Klgv. 349
Klgv. 314
Klgv.318
E45
7
25
26
139

A
B
C
2
3
4
Flughafen
Hamburg
GROSS-BORSTEL
MÄHLSTR.
NIEND. MARKT
NIENDORF MARKT
Bandkampsweg
König
Ubierw.
Sorge
Paul
An der Lohe
Feuerw.
Hain
Fuhlsbütteler
Niendorfer Höhe
Helvetierweg
Ulferusweg
Sugambrer
Hainholz
Hainholzgr.
Tibarg
EKZ
Ortsamt
Robert
Hinschkoppel
Maaßweg
Alwin Lippert-Weg
Blum Str.
Schwalbenweg
Garstedter Weg
Promenadenstr.
Neuer Niendorfer Friedhf.
Sootbörn
Am Langenborn
Cord Dreyer Weg
Siebensternweg
Steinhoffweg
Gustav Karl Weg
Schwedenkamp
Broockkampsweg
Eulenhorst
Regenpfeiferw.
Blaukehlchenweg
Engeln
Reitbahn
Klgv. 312
Klgv. 432
Klgv. 437
Klgv. 310
Klgv. 309
Reitzeweg
Pflegeheim
Borsteler Chaussee
Moortrift
Eberkamp
Lollenboom
Schreiberstr.
Schwartauer Str.
Licentiatenweg
Jägerholz
Paeplowweg
Haldenstieg
Nirrnheimweg
Dannmeyerstr.
Steinblockstr.
Am Licentiatenbg.
Jagdhorn
Stutzenkamp
Klotzenmoorstieg
Tennis-pl.
Vogt Cordes Damm
Papenreye
In der Masch
Spreenende
Beerboomstücken
Roggenbuckstieg
Wigandweg
Rathbusch
Köppenstr.
Klotzenmoor
Willhoop
Bekstück
Niendorfer W.
Stavenhagenstr.
Plogstieg
Ortleppweg
Borsteler Bogen
Borsteler
Frustbergstr.
Moorweg
Moorkoppel
Köppenweg
Georgiweg
Woltersstr.
Kollau Str.
Holt
Langhorstgr.
Eichenhag
Mechthildweg
Bauverw.
Stadtentw.
Groß Borstele Str.
Kollaukamp
Hadubrandweg
Niendorfer Brücke
Stüberverw.
Warnckesweg
Merckelweg
Damm
Schrödersweg
Holunderweg
Brödermannsweg
Finanzamt Nord
Langenhorst
Niendorfer Str.
Lütt Kollau
Langdiek
Am Mölenwisch
Brückwiesenstr.
Lokstedter Weg
Geesmoor
Kollauwanderweg
Bullredder
Heckenrosenweg
Kollauer Hof
Pulvermühle
Lokstedt Br.
Klgv. 435
Tarpenbekwanderweg
Tarpenbek
Klgv. 150
Klgv. 424
Rosenbrookbr.
Rosenbrook
Lieth
Dörpingw.
Hartsprung
v. Eicken Park
Schillingsbek
Altenhm.
Alte Kollaustr.
Neddeffeld
Ahornallee
Lembekstr.
Jägerlauf
Offakamp
Recycl. hof
Feldhoopstücken
Rütersweg
Niendorfer Str.
Grelkstr.
Oddernskp.
Spritzenweg
DRK
Vogt Wells Str.
Vosseler Str.
SIEMENS PL.
Osterfeldstr.
Lokstedter Str.
Höxterstr.
Corveystr.
Widukindstr.
Lottestr.
Lütt Süderfeld
Ch.-Probst-W.
Ansgarhöhe
Kösterstr.
Stift St. Anschar K.
Appener Weg
Lokstedter Weg
Bekstr.
Mühlenteichanlage
Siemssenstr.
Nissenstr.
Edgar Roß Str.
Winzeldorfer W.
Wendloher Weg
Im Tale
Thälmann Pl.
Kegelhof
Scholl Str.
Geschw.
Julius-Reincke-Stieg
Schedestr.
D-K-H Krkhs. Bethanien
Universitätsklinikum-Hamburg
Wolfg.-Borchert
Lutherbuche
Bei der Lutherbuche
Sottorfallee
Siebenschön
Brunsberg
Meyermannweg
Erlenstr.
Dohrnstr.
Dohrntwiete
Studentenwohnhm.
Lohbek
Lohbekstieg
Süderfeldstr.
Fricke-
Münsterstr.
Kegelshofstr.
Klgv. 314
140
134

D
E
F
Geschäfts-
fliegerzentr.
Polizei-
Hubschrauberstaffel
Airbus-
Airspares
Sportallee
Obenhauptstr.
Jäger
beim
Weg
CHAUSSEE
Hindenburgstr.
Sengelmannstr.
Hamburger
Strafanstalt
Fuhlsbüttel
Suhrenkamp
Nesselstr.
Maienweg
Röntgenstr.
Fuhlsb. Damm
Pflegehm.
Alsterberg
Feuer-
wehr
Am Brabandkanal
Brabandstr.
Sengelmann-
brücke
Rathenaustr.
Jugendhm.
Elisabeth-
Flügge-Str.
Bodelschwinghstr.
Ev.
Stiftung
Alsterdorf
St.
Nikolaus
K.
Alster
ALSTERDORF
Alsterdorfer Str.
Skagerrak-
brücke
Alsterdorfer
Brücke
Heilholtkamp
Winterlingstieg
Blaukissen-
stieg
Rothbuchenstieg
Maiglöckchenstieg
Frühlingsgarten
Birkenhain
Rotdornstieg
Heuberggredder
M.-Luther-
Gem.
ev.
K.
Skagerrakkanal
Wolffsonbrücke
Rathenaubrücke
Bebelallee
Metzger Str.
Metzger
Brücke
Kugelfang
Katharina-Jacob-Weg
Heselstücken
Maienweg
ERKRUG
SG
Klgv. 426
Klgv. 427
Klgv. 428
Klgv. 409
Klgv. 448
Klgv. 404
Klgv. 410
Klgv. 433
Bilser Str.
Cohnstr.
Djakartaweg
ALSTERDORF
SENGELMANNSTR.
City-
Nord
IBM
SIEMENS
NIXDORF
Manilaweg
Hallifax-
weg
Hebebrandstr.
Mörings-
bogen
Sydneystr.
Singapurstr.
Überseering
New York Ring
Mexikoring
Haus
der
Wirtschaft
Wesselyring
Landespolizei-
schule
Polizei-
präsidium
Leichtathletik-
halle
Krochmannstr.
Polizei-
kas.
Br.-
Georges-
Platz
Henry
Budge Str.
Paul-
Gerhardt
Ev.
Kirche
JAHNRING
Jahnkampfbahn
Planetarium
Wasserturm
Brunnen-
halle
Stadtpark
Landhaus Walter
Stadt-
park-
see
Plansch-
becken
Indonesien
BRAAMKAMP
LATTENKAMP
Lattenkampstg.
Ev.
Kirche
Busse-
Baum-
kamp
Himmel-
str.
Ohlsdorfer Str.
HUDTWALCKER
STR.
WINTERHUDER
MARKT-
PLATZ
HUDTWALCKER STR.
BARMBEKER
Sierichstr.
Ulmenstr.
Buchenstr.
Grasweg
Maria-Louisen-Str.
Südring
Blinden- u.
Sehber.-
zentrum
1 Kalkuttabrücke
2 Bombaybrücke
3 Jokohamabrücke
4 Osakabrücke
5 New-York-Brücke
6 Dakarbrücke
7 Torontobrücke
8 Manilabrücke
9 Singapurbrücke
10 Sydneybrücke

141

Friedhof
OHLSDORF
STEILSHOOP
Stadtpark
Krematorium
Kapelle 8
Kapelle 7
Kapelle 6
Kapelle 2
Kap. 1
Kapelle 10
Kapelle 3
Kapelle4
Norderstr.
Waldstr.
Teichstr.
Kapellenstr.
Ringstr.
Cordes-
allee
Mittel-
Süd-
allee
Krieger-
Ehren-
allee
Kriegergräber
Verwaltungs-
gebäude
Museum
Bergstr.
Oberstr.
Redder-
platz
Jüdischer
Friedhf.
Illand-
koppel
Ratsmühl.-
damm
Maienweg
Hasenberg-
brücke
OHLS-
DORF
P+R
Bahn-
betriebs-
werk
Elisabeth-
Flügge-Str.
Ev. Stiftung
Alsterdorf
Paul
Stritter
Brücke
Feuerbergstr.
Wolkausweg
Auferst.K.
Alsterdorfer
Mkt.
SENGELMANN-
STR.
Handels
sch.
Tessenow-
weg
Fach-
hochsch.
Hebebrand-
brücke
RÜBENKAMP
Oval-Office
Alfred-Johann-Levy-Str.
Wilhelm-
Drexelius-
Weg
Neues
Barmbeker
Kkh.
Nordheimstr.
Steilshooper
Fuhlsbüttler
Str.
Schmucks-
höhe
Kerbelweg
Eichenlohweg
Edwin-
Scharff-Ring
Fritz
Flinte
Gründ-
gens-
Thymian-
stieg
Ruwoldtweg
Gropiusring
Fehling-
höhe
César
Klein
Ring
Appelhoff
Schwarzer
Weg
Buck Weg
Georg
Raloff
Ring
Allers-
kehre
Richey-
Busch-
koppel
Hs. d. Jugend
Bibl.
Gropiusring
Kiga
Nolderingweg
Jahnring
JAHNBR.
LAUEN-
STEIN
STR.
Hartz-
loh
Rungestr.
Kernerreihe
Langen-
fort
Middendorfstr.
Maybachstr.
Benzstr.
ALTE
WÖHR
Saarland-
str.
Freilicht-
bühne
Neue
Wöhr
Rübenkamp
Tisch-
beinstr.
Emil-Janßen-Str.
Kauffm.
DENNERSTR.
HABICHT
STR.
HABICHTSTR.
Wittenkp.
Hellbrookstr.
Steilsh.
Str.
Diesel-
str.
Helbing
Str.
Fabricius
Schlicks-
weg
Heid-
horn
Rosams
Lißmanns-
eck
Schwalben-
platz
Stadt-
park-
see
Schwimm-
bad
Südring
Saarland
brücke
Klgv.

142

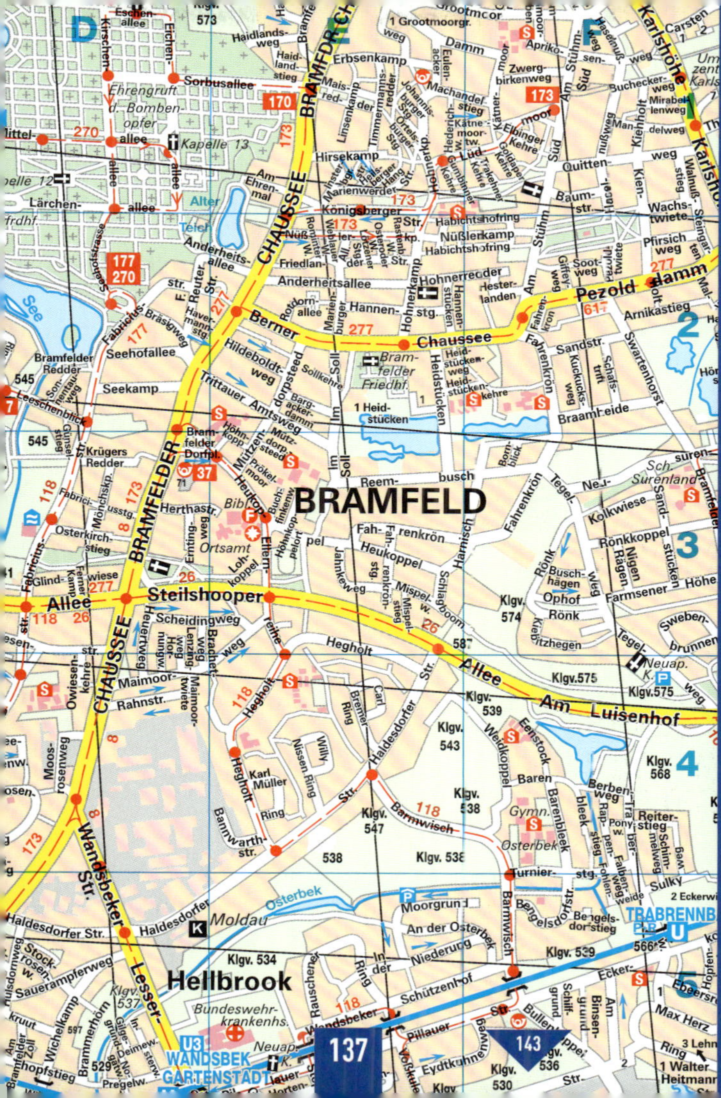
BRAMFELD
Hellbrook
Bramfelder Chaussee
Berner Chaussee
Steilshooper Allee
Am Luisenhof
Pezolddamm
Wandsbeker Str.
Lesser-
Haldesdorfer Str.
Barmwisch
Osterbek
Moldau
Bundeswehr-krankenhs.
U3 WANDSBEK GARTENSTADT
TRABRENNB
Ortsamt
Bramfelder Friedhf.
Bramfelder Dorfpl.
Seehofallee
Trittauer Amtsweg
Heukoppel
Hegholt
Haldesdorfer Str.
Karl Müller Ring
Willy Nissen Ring
Reembusch
Fahrenkrön
Kolkwiese
Rönkkoppel
Farmsener Höhe
Sandstr.
Swartenhorst
Braamheide
Arnikastieg
Karlshöhe
Erbsenkamp
Königsberger Str.
Anderheitsallee
Hohnerkamp
Heidstücken
Schützenhof
Pillauer Str.
Sauerampferweg
Ehrengruft d. Bombenopfer
Kapelle 13
Sorbusallee
Lärchenallee
Alter Teich
See
Klgv. 573
Klgv. 574
Klgv.575
Klgv. 539
Klgv. 543
Klgv. 568
Klgv. 538
Klgv. 547
Klgv. 534
Klgv. 537
Klgv. 536
Klgv. 530
Klgv. 539

143

132
146
LURUP
EIDELSTEDT
BAHREN-
FELD
Haupt-
friedhof
Altona
Altonaer
Volkspark
O2 World
Hamburg
HSV-
Museum
Imtech Arena
(ehem. Volks-
parkstadion)
Schwimm-
stadion
Golf Team
Hamburg
Schulgarten
Spiel-
wiese
Dahlien-
garten
Trab-
rennbahn
Schieß-
stände
Tennis- und
Hockeyhalle
Physik.
Universitäts-
institute
Deutsches
Elektronen
Synchrotron
(DESY)
Lise-
Meitner Park
Lutherpark
Bonne-
park
HH-
VOLKSP
ELBGAUSTR.
RUGENBARG
Luruper
Hauptstr.
Luruper
Chaussee
Bahrenfelder
Chaussee
OSDORFER
WEG
VON SAUER
STR.
Farnhornweg
Farnhornstieg
Schnackenburgallee
Binsbarg
Stadionstr.
Max-Schmeling-Str.
Sylvesterallee
Hellgrundweg
Nansenstr.
Am Volkspark
Schulgartenweg
Kielkamp
Lüdersring
Vorhornweg
Fangdieckstr.
Kronsaalsweg
Lampestr.
Mühlenau
Schießplatzgraben
Vorhorngraben
Wichmannstr.
Theodorstr.
Ebertallee
Notkestr.
Bertrand Russell Str.
Albert Einstein Ring
Max Born Str.
Kielkamp
Tannenberg
Styg
Luruper Drift
Flottbeker Drift
Vorbeckweg
E45
7
R70

133
139
147
LOKSTEDT
STELLINGEN
Langenfelde
LANGENFELDE
EIMSBÜTTEL
ALTONA
DIEBSTEICH
HAGENBECKS TIERPARK
LUTTEROTHSTR.
OSTERSTR.
EMILIEN STR.
Hagenbecks Tierpark
Kieler Str.
Sportplatzring
Koppelstr.
Volksparkstr.
Holstenkamp
Langenfelder Str.
Fruchtallee
Doormannsweg
Osterstr.
Methfesselstr.
Lenzweg
Julius-Vosseler-Str.
Vogt-Wells-Str.
Stresemannstr.
Leunastr.
Waidmannstr.
Holstenstr.
Pinneberger Weg
Eidelstedter Weg
Müggenkampstr.
Hagenbeckallee
Hagenbeckstr.
Spannskamp
Bassellweg
Warnstedtstr.
Randstr.
Högenstr.
Jugendstr.
Wasserturm
Russ. Kirche
Moschee
Jüdischer Friedhf.
Diebsteich
Briefpostzentrum
Landesmedienzentr.
Unnapark
Wehbers Park
Hamburg Haus
Müllabfuhr
Studentenwohnhm.
Kunsteisbahn
Radrennbahn
Finanzamt
EIMSB. MARKTPLATZ
ALSEN PL.
Langenfelde
Ziegelteich
Am Diebsteich
Bornkamp
Betriebshof Langenfelde
R60
R70
U2
4/5

134
148
140
EPPENDORF
HOHELUFT-WEST
HOHE-LUFT-OST
HARVE
Universitäts klinikum-Hamburg Eppendorf (UKE)
Lokstedter Steindamm
Hoheluftchauss.
Breitenfeldstr.
Eppendorfer Landstr.
Eppendorfer Baum
Klosterstern
Hoheluftbr.
Kaiser Friedrich Ufer
Isebek Kanal
Grindelberg
Grindelallee
Hallerstr.
Rothenbaumchaussee
Schlump
Christuskirche
Fruchtallee
Schäferkampsallee
Weg beim Jäger
Osterstr.
Bundesstr.
Eimsbütteler Park
Wasserturm
Stresemannallee
Troplowitzstr.
Quickbornstr.
Mansteinstr.
Bismarckstr.
Isestr.
Innocentiapark
Universität
Staatsbibliothek
Geomaticum
Zoolog. Inst.
Bez.-A. Eimsbüttel
Grindelhochhäuser
Rentzelstr.
Moorweide
Klgv. 314
Klgv. 315
Klgv. 322
Klgv. 347
Klgv. 345
Klgv. 319
Klgv. 325
Klgv. 327
Spielplatz
Institut für Meereskunde
SC Victoria
Wendloher Weg
Kegelhofstr.
Süderfeldstr.
Martinistr.
Lehmweg
Moltkestr.
Gneisenaustr.
Heußweg
Eichenstr.
Lappenbergsallee

Stadtpark
Landhaus Walter
Stadtparksee
Planetarium Wasserturm
135
Hindenburgstr.
Brunnenhalle
H. Hertz Schule
HTHC Sportpl.
Blinden- u. Sehbenzentrum
Südring
BORWEG
Goldbekkanal
Wiesendamm
Goldbekweg
Studentenwohnh.
HUDTWALCKER STR.
WINTERHUDER MARKTPLATZ
BARMBEKER STR.
Grasweg
Maria-Louisen-Stieg
Maria-Louisen-Str.
SIERICHSTR.
U3
Johanneum
Opitzstr.
WINTERHUDE
Heidberg
Krohnskamp
Poßmoor
Goldbekufer
Sierichstr.
Rondeelteich
Rondeel
Leinpfad
Alster
Bellevue
Andreasstr.
Fernsicht
Gellertstr.
Poelchaukamp
Mühlenkamp
Preystr.
Gertigstr.
Osterbek
BARMBEK SÜD
Heinz-Gärtner-Brücke
Jarrestr.
Hölderlinsallee
Großheidestr.
Semperstr.
Geibelstr.
Jahnring
Herderstr.
Grillparzerstr.
Körnerstr.
Langer Zug
Bellevue
Scheffelstr.
Krugkoppel
Krugkoppelbrücke
Eichenpark
Harvestehuder Weg
Ägypten
Pöseldorf
Alstervorland
Chile
Hochsch. f. Musik u. Theat.
ROTHERBAUM
Außenalster
Herbert-Weichmann-Str.
Winterhuder Weg
Hofweg
Fährhausstr.
Moschee d. iran. Kolonie
Karlstr.
Uhlenhorster Kanal
Feenteich
Feenteichbrücke
Schöne Aussicht
UHLENHORST
Averhoffstr.
Theresienstieg
Schwanenwik
Papenhuder Str.
Mundsburger Damm
Heinrich-Hertz-Str.
Landesbetrieb Pflegen und Wohnen
Albanien
Russl.
Oberfinanzdir.
Estl. Ungarn Schweden
Eduard-Rhein-Ufer
Schwanenwikbrücke
149
Kuhmühle
Fachhochsch.
Ukraine
Fontenay
Österreich
Alte Rabenstr.
Milchstr.
Argent.
U.K.
Böttgerstr.
Pöseldorfer Weg
Mittelweg
Beethovenstr.
Schubertstr.
Humboldtstr.
Mozartstr.
Bachstr.
Stradellakehre
Einkaufsz. Hamburger Str.
Finanzamt

Stadtpark
Stadtparksee
Schwimmbad
Saarland-str.
Südring
Saarlandbrücke
Parkseebrücke
Stadthallenbrücke
Hellbrookstr.-brücke
Hellbrook-str.
Goldbekkanal
SAARLAND STR.
U3
U-Bahn Hw
WOHR
Rübenkamp
Genslerstr.
Wasmannstr.
Emil-Janßen-Str.
Kauffm.
Ruthsweg
Hardorffsweg
Fuhlsbüttler Str.
DENNERSTR.
Wittenkp.
Schwalben-platz
Lißmannseck
Heidhörn
Peiffersweg
Suhrsweg
Hellbrook-str.
HABICHTSTR.
HABICHTSTR.
Schlicks-weg
Föttingerstr.
Dieselstr.
Oertzstr.
Grenzbachstr.
Helbingstr.
Fabriciusstr.
Madagaskarweg
Tongaweg
BARMBEK-NORD
Rübenkamp
VHS
Hufnerstr.
Drosselstr.
Stichkanalbr.
BARMBEK
Wiesendamm
Wiesenbamm
Pestalozzistr.
Steilshooper Str.
BRAMFELDER STR.
Krausestr.
Prafenweg
Dohlenweg
Adlerstr.
Lämmersieth
Saarlandstr.
Kaemmererufer
Großheidestg.
Osterbekkanal
Gasswerkbrücke
Bruckner-str.
Käthnerort-brücke
Schleidenbrücke
Schleidenstr.
Osterbekweg
Mühlenkamp
Joh.-Prasek-Park
Alster City
Amtsgerichtstr.
Weidestr.
Weidestr.
Biedermannpl.
Vogteiweg
Reesestr.
Barmbeker Markt
2 Bert-Kaempfert-Pl.
BRAMFELDER STR.
Alter Teichweg
1 Alter Löschplatz
Pinelsweg
Krausestr.br.
Kraepelinw.
Dehnhaide
DEHNHAIDE
HAMBURGER STR.
Adolph-Schönf.
Kiga
Allgem. Krankenhaus
Eilbek
FRIEDRICHSBERG
1 Elfriede-Lohse-Wächtler-Weg
Eilbeker Brücke
Eilbek Wiesenbr.
Gohlkestedt
Stradellakehre
3 Klinikweg
4 Leo-Leistikow-Allee
5 Julius-Fressel-Str.
6 Dorothea-Bernstein-Weg
Beethovenstr.
Bartholomäusbad
Schützenhof
A. Schönfelder Str.
2 Louis-Braille-Pl.
Berthastr.
Feßlerstr.
Schmalenbeckerstr.
Wohldorfer Str.
Hansdorfer Str.
Volksdorfer Str.
Holsteinischer Kamp
Einkaufszentr. Hamburger Str.
WINTERHUDER WEG
Finanzamt
Humboldtbr.
HAMBURGER STR.
Wagnerstr.
Richardstr.
Alters und pflegeheim
Gluckstr.
Von Essen-str.
Eilbektal
Rückertstr.
Wielandstr.
Kantstr.
WANDSB. CHS.
Mundsburger Damm
MUNDSBURG
1 Fr.-Schütterpl.
Hamburg Media School
Eilenau
Blumenau
EILBEK
Schellingstr.
WANDSBEKER CHAUSSEE
Immenhof
Kuhmühlenteich
Eilenau
Wartenau
WANDSBEKER
RITTERSTR.
U1
Eilbeker Bürgerpark
Friedenskirche
Roßberg
Peterskamp
Jakobipark
Hammer Steindamm
HASSELBROOK
UHLANDSTR.
WARTENAU
KUHMÜHLE
SCHURBEK
LERCHENFELD

136
150

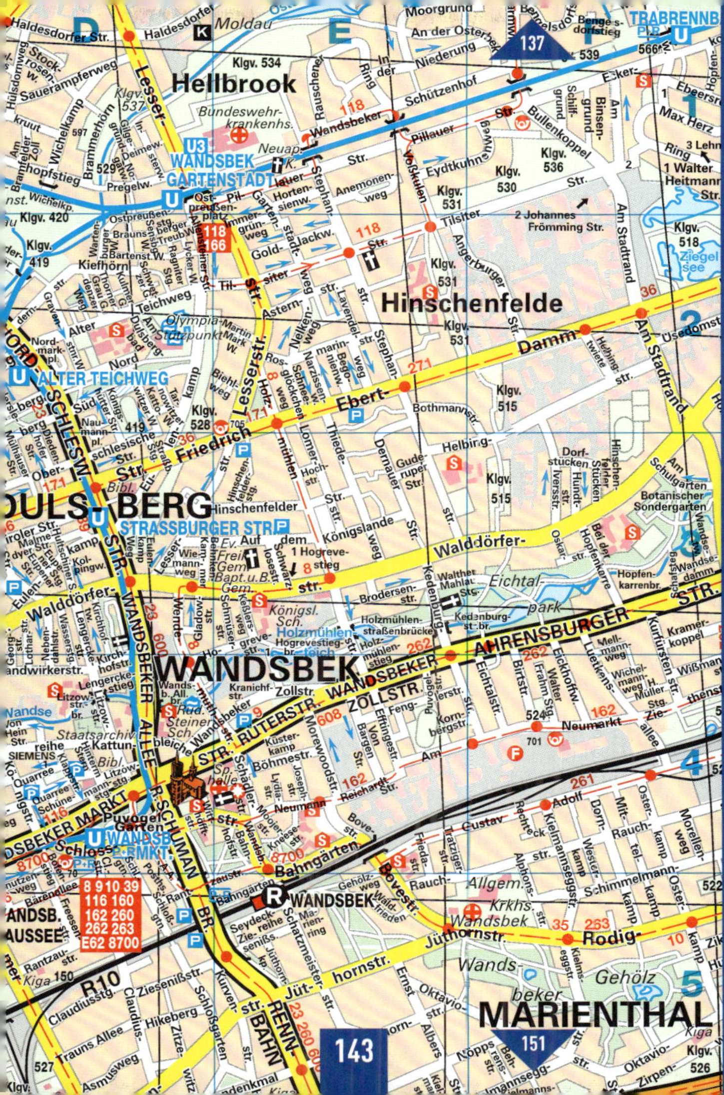
137
151
D
E
F
1
2
3
4
5
Hellbrook
Hinschenfelde
DULSBERG
WANDSBEK
MARIENTHAL
WANDSBEK GARTENSTADT
ALTER TEICHWEG
STRASSBURGER STR.
WANDSBEKER MARKT
WANDSBEK
TRABRENNB.
Bundeswehrkrankenhs.
Haldesdorfer Str.
Lesserstr.
Moldau
Schützenhof
Wandsbeker
Pillauer Str.
Eydtkuhnenweg
Tilsiter Str.
Friedrich-Ebert-Damm
Am Stadtrand
Walddörfer Str.
Ahrensburger Str.
Wandsbeker Zollstr.
Ruterstr.
Wandsbeker Allee
Schloßstr.
Bahngärten
Jüthornstr.
Rodigallee
Kedenburgstr.
Eichtalpark
Holzmühlenteich
Botanischer Sondergarten
Neumarkt
Kurvenstr.
Rennbahnstr.
R10
Wandsbeker Gehölz
Allgem. Krkhs. Wandsbek
Bovestr.
Königslandeweg
Holzmühlenstr.
Ostpreußenplatz
Klgv. 534
Klgv. 536
Klgv. 530
Klgv. 531
Klgv. 515
Klgv. 528
Klgv. 518
Klgv. 420
Klgv. 419
Klgv. 526
Ziegelsee
Stephanstr.
Voßkulen
Angerburger Str.
Bullenkoppel
Max Herz Ring
Usedomstr.
Helbingstr.
Bothmannstr.
Dernauer Str.
Guderuper Str.
Thiedestr.
Lomerstr.
Holzmühlenstr.
Schädlerstr.
Morewoodstr.
Efftingestr.
Von Bargen Str.
Reichardtstr.
Gustav Adolf Str.
Kielmannseggstr.
Birtstr.
Eichtalstr.
Walter Frahm Stg.
Eickhoffweg
Kurfürstenstr.
Kramerkoppel
Wißmannstr.
Oktaviostr.
Claudiusstr.
Ziesenißstr.
Schloßgarten
Trauns Allee
Asmusweg
Hikeberg
8 910 39
116 160
162 260
262 263
E62 8700

BLANKENESE
Falkenstein
ISERBROOK
Mühlenberg
Elbe
Waldpark
Marienhöhe
Sommerbad Marienhöhe
Friedhof
Rissener
Landstr.
Blankeneser Landstr.
Anne Frank Str.
Kösterbergstr.
Krkhs. Tabea
Schinkels Park
Römischer Garten
Strandweg
Ufer
Hallenbad Blankenese
Baurs Park
Hesse-park
Goßlers Park
Gymn.
Tennispl.
Kirchenweg
Sülldorfer
Dockenh.
Elbchaussee
Hirschpark
Op'n Bulln
Jollenhafen Blankenese
Jollenhafen Mühlenberg
10010 n. Cuxhaven u. Helgoland
1 Mommsenstr.
2 Bulckestr.
Süllberg
Süllbergsterrasse
Hesse-park
Freibad
Kiekeberg
Blankeneser Hauptstr.
Strandweg
Op'n Bulln
BLANKENESE

OSDORF
Osdorfer Landstr.
Landstr.
GROSS
FLOTTBEK
Hochkamp
HOCHKAMP
Klein Flottbek
KLEIN FLOTTBEK
NIEN-STEDTEN
Elbe
Teufelsbrück
Elbchaussee
Elbuferweg
Loki-Schmidt-Garten
Jenisch-park
NSG Flottbek-tal
Ernst Barlach Haus
Jenisch-Haus
Zentr. für Schulbiologie und Umwelterziehung
Inst.f. Allgem. Botanik
Polo-platz
Jenisch-gymn.
Klinik
Nienstedtener Friedhf.
Flugzeugwerft Deutsche Aerospace
Elbe Einkaufs Zentr.
Rüschpark
Rüschweg
Sportboot-anlage
Gorch-Fock
Hans Leip
Hindenburgpark
Jacobs-Treppe
Elbschloß-treppe
Hochrad
Baron-Voght-Str.
Jürgensallee
Ohnhorststr.
Droste-Hülshoff-Str.
Kronprinzenstr.
Bockhorst
Hemmingstedter Weg
Goosacker
Rugenbarg
Osdorfer Weg
Langeloh
Bahrenfelder
Hochkamp
S11
10010
64
1705
283
286

OTHMARSCHEN
Övelgönne
Elbe
HH-BAHRENFELD
HH-OTHMARSCHEN
BAHRENFELD
OSDORFER WEG
VON SAUER STR.
Bahrenfelder Chaussee
Elbchaussee
Elbtunnel
Allgemeines Krankenhaus Altona
Schröders Elbpark
Hindenburgpark
Jenischpark
Bonnepark
Seemannshöft
Bubendey Ufer
Köhlfleethafen
Parkhafen
Parkhöft
Athabaskahöft
Museumshafen Övelgönne
Gorch-Fock-Park
Hallen-u. Freibad Finkenwerder
Behringstr.
Reventlowstr.
Halbmondsweg
Ebertallee
Theodorstr.
Friedensallee
E45
7
431
138

139
D
E
F
DIEBSTEICH
Diebsteich
Leuna-str.
STRESEMANN STR.
431
ALTONA
ALTSTADT
NORD
HOLSTENSTR.
HOLSTEN
DOORMANNSWEG
ALSENSTR.
Max-Brauer-Allee
Behringstr.
Jul.-Leber-Str.
Barnerstr.
OTTENSEN
Ottenser Friedhf.
Bernadottestr.
Elbchaussee
Palmaille
Breite Str.
Königstr.
REEPERBAHN
Schroederstift
Altonaer Balkon
Große Elbstr.
Neumühlen
Fischereihafen
Dockland
Edgar-Engelhard-Kai
Fischauktionshalle
U-Boot-Museum
Freihafengrenze
Lotsenhöft
Köhlbrandhöft
Maakenwerder Höft
Kohlenschiffhafen
Toller Ort Terminal
Kuhwerder Höft
Werfthafen
Elbtunnel
147

140

CHRISTUSKIRCHE
SCHLUMP
Beim Schlump
Schäferkampsallee
Fruchtallee
Weidenallee
Altonaer Str.
Sternschanzenpark
Wasserturm
Schröderstiftstraße
Universität
Rentzelstr.
Grindelallee
Rothenbaumchaussee
Edm.-Siemers-Allee
Verbindungsbahn
STERNSCHANZE
Heinr.-Hertz-Turm
Neue Messe
Planten un Blomen
CCH
DAMMTOR
Tiergartenstr.
Alter Botanischer Garten
STEPHANSPL.
MESSEHALLEN
Karolinenstr.
Schanzenstr.
Budapester Str.
Feldstr.
FELDSTR.
Hochbunker
Millerntor-Stadion
Heiligengeistfeld
Glacischaussee
Große Wallanlagen
Kleine Wallanlagen
Gorch-Fock-Wall
HOLSTENWALL
Sievekingpl.
Joh.-Brahms-Pl.
GÄNSEMARKT
Kaiser-Wilhelm-Str.
NEUSTADT
ST. PAULI
Holstenstr.
Simon-von-Utrecht-Str.
ST. PAULI
MILLERNTOR
Reeperbahn
REEPERBAHN
Beatles-Pl.
Spielbudenpl.
Ludwig-Erhard-Str.
ZEUGHAUSMARKT
Bismarckdenkm.
Michaelis
STADTHAUSBR.
RÖDINGSMARKT
Admiralitätstr.
St. Pauli Hafenstr.
Fischmarkt
St. Pauli Fischmarkt
Fischauktionshalle
U-Boot-Museum
LANDUNGSBR.
St. Pauli Landungsbr.
St. Pauli Elbtunnel
Johannisbollwerk
Vorsetzen
BAUMWALL
Niederhafen
Zollschiffstation
Cap San Diego
Kehrwiederspitze
Sandtorhöft
Kaiserhöft
Elbphilharmonie (in Bau)
Elbe
Wendemuthkai
1 Beim Kraftwerk
Werfthafen
Fährkanal
Theater im Hafen
Blohm Str.
Guanofleetbrücke
14 Platz der Deutschen Einheit
Arningkai
Strandhöft
Grasbrookhfn.
Sandtorhfn.
Hafengrenze

ROTHERBAUM
Außen-
alster
141
Oberfinanz-Dir.
Böttger-str.
Alte Rabenstr.
Estl. Ungarn Schweden
Bade-str.
Alsterufer
Fontenay
Fontenay Allee
Österreich Brasilien
Niederlande
Konsulat der USA
1 Siegfried-Wedells-Platz
2 Hans-Grahl-Weg
1 Eduard-Rhein-Ufer
Schwanenwik
Schwanenwikbrücke
Ukraine
Hohenfelder Brücke
Hartwicusstr.
Mundsburger Brücke
Mundsburger Damm
Uhlenhorst
Kuhmühle
Mühlendamm
1 Philipsstr.
2 Lohmühlenstr.
Honduras
An der Alster
Kennedybrücke
ST. GEORG
Allgem. Krankenhs.
St. Georg
Sechslingspforte
Alsterschwimmhalle
Schröderstr.
Lübeckertordamm
Hochschule f. angew. Wissenschaften
LOHMÜHLENSTR.
Koppel
Lange Reihe
Danziger Str.
Gurlittstr.
Steindamm
Stiftstr.
Lindenstr.
BERLINER TOR
Beim Strohhause
Ferdinandstor
LOMBARDSBR.
GLOCKENGIESSERWALL
HAUPTBHF. NORD
HBF
JUNGFERNSTIEG
Ballindamm
Mönckebergstr.
Spitalerstr.
Bergstr.
Steintorwall
Steintordamm
Adenauerallee
Kreuzweg
HAUPTBHF. SÜD
ZOB
Kurt-Schumacher-Allee
Besenbinderhof
Nordkanalstr.
SPALDING
HAMMERBROOK
City-Süd
Hammerbrookstr.
Wendenstr.
Högerdamm
Amsinckstr.
Sachsenstr.
MÖNCKEBERGSTR.
RATHAUS
ALTSTADT
Steinstr.
Domstr.
Chile Haus
Burchardstr.
Johanniswall
Klosterwall
STEINSTR.
MESSBERG
Deichtorstr.
Oberbaumbr.
Dovenfleet
Brooktorkai
Zippelhs.
Osakaallee
Shanghaiallee
Stockmeyerstr.
Lohsepl.
Int. Maritim. Mus.
Großmarkt
Obst, Gemüse u Blumen
1 Sachsenkamp
2 Sachsenfeld
1 Norderkai-Ufer
Banksbrücke
Erste StadtdeichBr.
Stadtdeich
Amt für Wasserwirtschaft
HGBF.
Zoll
Oberhafen
Überseeallee
U4 in Bau
Versmann-str.
R30 R40 R50
HAFEN CITY
HafenCity Universität (in Bau)
Cruise Center
Chicagokai
Baakenhöft
Sandtorpark
Dalmannkai
Grasbrookpk.
Freihafengrenze
Baakenhafen

HOHENFELDE
EILBEK
HASSELBROOK
LANDWEHR
BORG-FELDE
HAMM-
HAMM-SUD
HAMMER-BROOK
ROTHENBURGSORT
Kuhmühlenteich
Uhlandstr.
Lübecker Str.
Wartenau
Ritterstr.
Burgstr.
Hammer Kirche
Berliner Tor
Anckelmannpl.
Wandsbeker
Mühlendamm
Sievekingsallee
Borgfelder Str.
Eiffestr.
Heidenkampsweg
Süderstr.
Grevenweg
Hammer Steindamm
Hammer Park
Jakobipark
Friedensallee
Mittelkanal
Südkanal
Bille
Billstr.
Bullenhuser Damm
Ausschläger Weg
Großmannstr.
Hammer Deich
Bürgerweide
Landwehr
Wallstr.
Steinhauerdamm
Hochwasserbassin
Stoltenpark
Thörls Park
Landesbetrieb Verkehr TÜV
BASF Lacke + Farben AG
142

WANDSBEK
MARIENTHAL
HORN
Wandsbeker Gehölz
Jüthornstr.
Rodigallee
Oktaviostr.
Ahornstr.
Nöppsstr.
Kelmannseggstr.
Rennbahnstr.
E 26
24
Derbyweg
Universität der Bundeswehr
Jugendgästehaus
Jugendherberge
Tennishalle
Horner Rennbahn
Bei den Tennisplätzen
Horner Kreisel
HH-HORN
Horner Allee
Riemsweg
Hermannstal
Manshardtstr.
Sommerbad Horner Moor
Horner Weg
HORNER RENNBAHN
Washingtonallee
Sandkamp
Beim Rauhen Hause
Rauhes Haus
Wichern Sch.
Ev. FH
Landstr.
Horner Landstr.
Schurzallee Nord
Bergedorfer Str.
Steubenstr.
HORNER RAMPE
HH-HORNER RAMPE
Telekom
Tierheim
Sommerbad Aschbg.
Pagenfelder Pl.
Horner Park
LEGIEN STR.
Legienstr.
Steinfeldtstr.
Billstedter Hauptstr.
Schiffbeker Berg
Blaue Brücke
Billufer
Bille
Kanal
Billbrookdeich
Gelbe Brücke
Moorfleeter Brücke
Kolumbusstr.
Grüner W.
Klgv. 142
Klgv. 140
Klgv. 130
Klgv. 152
Klgv. 136
Klgv. 134
Klgv. 159
Klgv. 161
Klgv. 143
Klgv. 138
Klgv. 594
Klgv. 526
R10

143

A
B
C
ELMSHORN
Strohdeich
Altenmoor
Groß Moorhusen
Kollmar
Klein Kollmar
Neuendorf bei Elmshorn
Bielenberg
Raa-Besenbek
Kölln-Reisiek
Elmshorn
Seeth-Ekholt
Bevern
Hemdingen
Ellerau
Quickborn
Kollmar
Kronsnest
Fleien
Holstendorf
Seester
Klein Nordende
Heidgraben
Ahrenlohe
Tornesch
Ellerhoop
Thiensen
Grüne Küstenstr.
Renzel
Holmmoor
5 km
Seestermühe
Elbe
Pagensand
Schlickburg
Groß Nordende
Uetersen
Tornesch
Kummerfeld
Prisdorf
2014
Borstel-Hohenraden
Tangstedt
Hasloh
NORDERSTEDT
Barnkrug
Neuendeich
Moorrege
Esingen
Pinneberg-Nord
Winzeldorf
Bönningstedt
Garstedt
Abbenfleth
Feldbahn
Haselau
Unterglinde
Oberglinde
Appen
Pinneberg-Mitte
Ellerbek
Bützfleth
Hohenhorst
Heist
PINNEBERG
Rellingen
NIENDORF
Götzdorf
Haseldorfer Marsch
Altenfeldsdeich
Haseldorf
Pinneberg-Süd
Etz
Halstenbek/Rellingen
SCHNELSEN
HH-Schnels.-N.
HH-Schnelsen
Flughafen HH-Fuhlsbüttel
Brunshausen
Stadersand
Holm
Halstenbek
Waldenau-Datum
Brande
Halst.-Krupunder
EIDELSTEDT
HH-Eidelstedt
Dreieck HH-Nordwest
Schenefeld
Melau
Schleswig-Holstein
Hamburg
St. Wilhadi
STADE
Twielenfleth
Hetlingen
LURUP
HH-Stellingen
Hagenbecks Tierpark
Hollern-Bachenbrock
Stade-Ost
Mojenhörn
RISSEN
SÜLLDORF
STELLINGEN
Stade-Süd
WEDEL
BAHRENFELD
HH-Volkspark
EIMSBÜTTEL
Grünendeich
Lühe
BLANKENESE
HH-Bahrenfeld
Agathenburg
Steinkirchen
Schiffsbegrüßungsanlage
Wisch
HH-Othmarschen
ALTONA
ST. PAULI
Museumshfn. Oevelgönne
Dollern
Guderhandviertel
Mittelnkirchen
Hinterbrack
Lütjenkamp
Dollern
Grüne Küstenstr.
Borstel
Störtebekerstr.
CRANZ
Miniat. Wunderla
Obstmarschenweg
Neuenkirchen
Jork
Königreich
Hove
FINKENWERDER
HH-Waltershof
HH-Georg
Helmste
Hornburg
Horneburg
Ladekop
Süderelbe
NEUENFELDE
WILHELMSBURG
Estebrügge
2015
FRANCOP
Grüne Küstenstraße
MOORBURG
HH-Moorburg
Issendorf
Nottensdorf
Moorende
Rübke
Dammhausen
Neukloster
Altes Land
Bliedersdorf
Grundoldendorf
Hedendorf
BUXTEHUDE
NEUGRABEN-FISCHBEK
HH-Heimfeld
HARBURG
Ohrensen
Neu Wulmstorf
Naturpark
Wildpark
Schwarze Berge
Harsefeld
2013
Ruschwedel
Eilendorf
Ottensen
Ovelgönne
Wulmstorf
Harburger Berge
Dreieck HH-Südwest
Delm
Hollenbeck
Griemshorst
Apensen
Pippensen
Immenbeck
Daerstorf
Freilichtmuseum
Vahrendorf
HH-Marmstorf
Daensen
Ardestorf
Elstorf
Schwiederstorf
Sottorf
Lürade
Beckdorf
Nindorf
Niedersachs.
Rosengarten
Kammerbusch
Ahlerstedt
Revenahe
Goldbeck
Rahmstorf
Moisburg
Grauen
Bachheide
Leversen
Tötensen
Beckedorf
Fleestedt
Ahrensmoor
Torfbahn
Wiegersen
Eversen
Mühlenstr.
Ohlenbüttel
Langenrehm
Iddensen
Emmelndorf
Sauensiek
Regesbostel
Staersbeck
Appel
Oldendorf
Rade
Emsen
Nenndorf
Hittfeld
Ahrenswohlde
Holtorfsbostel
Hollenstedt
Mienenbüttel
Buchholzer Dreieck
Hollenstedt
Aarbachkate
Rade
Dibbersen
Eckel
Gr. Klecken
Holvede
Wennerstorf
Vaensen
Helmstorf
Hohenhausen
Wohnste
Halvesbostel
Hollenstedt
Wenzendorf
Buensen
Harmstorf
Bendestorf
Klein Ippensen
Heidenau
Ochtmannsbruch
Dierstorf
Este
Steinbeck
Meilsen
BUCHHOLZ in der Nordheide
Vierden
Dreste dt
Itzenbüttel
Freetz
Heidenau
Bötersheim
Reindorf
Lengenbostel
Ostetal
Trelde
Sittensen
Kalbe
Wüstenhöfen
Dohren
Brunsberg
Seppensen
Jesteburg
Tostedt
Sprötze
Siedlung
Lüllau
Asendorf
Tiste
Vaerloh
Holm-Seppensen
Thelstorf

Kayhude
Wilstedt
Tangstedt
Pfingsthorst
Jersbek
Elmenhorst
Mönkenbrook
Tremsbüttel
Rohlfshagen
Krummbek
Schürensöhlen
Ahrensfelde
Siebenbäumen
Großboden
Schmachthagen
Barkhorst
Lasbek
Lasbek Dorf
Stubben
Düchelsdorf
Langereihe
Wiemerskamp
Bargteheide
Wulksfelde
Klein Hansdorf
Timmerhorn
Kreuz Bargteheide
Mollhagen
Eichede
Steinhorst
Klinkrade
Labenz
DUVENSTEDT
Straßenbahn-mus.
Delingsdorf
Hammoor
Steinburg
Schiphorst
Lüchow
Ammersbek
Bünningstedt
Todendorf
Sprenge
Franzdorf
Wohldorf-Ohlstedt
Hoisbüttel
AHRENSBURG
Oetjendorf
Schönberg
Sandesneben
LEMSAHL-MELLINGSTEDT
Lottbek
„badlantic"
Buddikate
Dwerkaten
Wentorf
Sirksfelde
Ritzerau
POPPENBÜTTEL
Bergstedt
Großhansdorf
VOLKSDORF
SASEL
Museumsdorf
Schmalenbeck
Hoisdorf
Lütjensee
Grönwohld
Linau
Koberg
Ahrensfelde
Ahrensburg
Siek
Feilberg
HAMBURG
Stapelfeld
Meilsdorf
Hohenfelde
Großensee
Trittau
Köthel (Holstein)
Köthel (Lauenburg)
Braak
Papendorf
Hamfelde (Hzgt. Holstein)
FARMSEN
RAHLSTEDT
Langelohe
Hamfelde (Hzgt. Lauenburg)
Mühlenrade
Klein Schretstaken
BARMBEK
Brunsbek
Dahmker
Stellau
Kronshorst
Rausdorf
Grande
Kuddewörde
Schretstaken
WANDSBEK
HH-Jenfeld
Barsbüttel
Witzhave
Rotenbek
Kasseburg
Basthorst
Fuhlenhagen
Willinghusen
Stemwarde
Möhnsen
Talkau
HH-Horn
Kreuz HH-Ost
Reinbek
Neuschönningstedt
Witzhave
Schwarzenbek/Grande
Elmenhorst
Kankelau
HH-Öjendorf
Glinde
Ohe
Hünengräber
Lanken
BILLSTEDT
Ost-steinbek
Hünengräber
Eisenb.-mus.
Sachsenwald
Havekost
Schönningstedt
Bismarck Mus.
Friedrichsruh
BILLBROOK
HH-Billstedt
Grove
Sahms
Dr. HH-Südost
Havighorst
REINBEK
Aumühle
Grabau
Wohltorf
Louisenhof
HH-Moorfleet
Moorfleet
BILLWERDER
Wentorf b. Hamb.
Dassendorf
Brunstorf
Müssen
Kröppelshagen-Fahrendorf
Schwarzenbek
Hamburg-Stillhorn
Allermöhe
BERGEDORF
HH-Curslack
Stein-B.
Bartelsdorf
Allermöhe
HH-Neuallerm. W.
Börnsen
Hohenhorn
Ochsenwerder
HH-Nettelnburg
Escheburg
Worth
Schulendorf
HH-Bergedorf
Fahrendorf
Kollow
Reitbrook
Kässestraße
Hamwarde
Wangelau
Bullenhausen
Curslack
Geesthacht
GEESTHACHT
Neuengamme
Vierlande
Fünfhausen
Wiershop
Gülzow
Lütau
KZ-Gedenkstätte Neuengamme
Altengamme
Over
Pumpspeicherwerk Krümmel
Hamburg
Niedersachsen
Schwinde
Marschacht
Juliusburg
Friesenwerder moor
Kirchwerder
Elbstorf
Rönne
Krukow
Basedow
Hörsten
Rosenweide
Drennhausen
Schleswig-Holstein
Tesperhude
Krüzen
Fliegenberg
Krümse
SEEVE-
Drage
West-Krauel
Tespe
Schnakenbek
Buchhorst
Hoopte
Elbe
Eichholz
Achterdeich
Stöckte
Laßrönne
Avendorf
Tönnhausen
Ertheneburg
Stelle
Gehrden
Hunden
Bitlingen
Artlenburg
Lauenburg (Elbe)
Marienthal
WINSEN (Luhe)
Oldershsn
Neetze
Ashausen
Horburg
Hohnstorf
Borstel
Fahrenholz
Lüdershausen
Deutsche Ferienroute Alpen-Ostsee
Ilmenau-Kanal
Roydorf
Winsen-West
Niedersachsen
Sangenstedt
Barum
Ohlendorf
Scharmbeck
Handorf
Sankt Dionys
Brietlingen
Echem
Seevetal-Ramelsloh
Mühlenstr.
Luhdorf
Winsen-Ost
Wittorf
Rottorf
Holtorfsloh
Alte Salzstraße
Lüdersburg
Pattensen
Neetzekanal
Moorburg
Thieshope
Wulfsen
Niedersachsen
Bahlburg
Radbruch
Handorf
Spargelstr.
Thieshope
Tangendorf
Schiffshebewerk
Scharnebeck
Garstedt
Bardowick
Neu Garstedt
Adendorf
Rullstorf
Lüneburg-Nord

Das Register enthält eine Auswahl der im Cityatlas dargestellten Straßen und Plätze

A

B

> www.marcopolo.de/hamburg

O

P

Q

R

S

STRASSENREGISTER

T

U

V

W

Z

ABC

Im Register finden Sie alle in diesem Reiseführer beschriebenen Sehenswürdigkeiten, Museen, Unterkünfte, Gaststätten, Einrichtungen und Ausflugsziele sowie die Namen wichtiger Personen. Halbfette Seitenzahlen verweisen auf den Haupteintrag.

oreia

IMPRESSUM

SCHREIBEN SIE UNS!

> Liebe Leserin, lieber Leser,

wir setzen alles daran, Ihnen möglichst aktuelle Informationen mit auf die Reise zu geben. Dennoch schleichen sich manchmal Fehler ein – trotz gründlicher Recherche unserer Autoren/innen. Sie haben sicherlich Verständnis, dass der Verlag dafür keine Haftung übernehmen kann.

Wir freuen uns aber, wenn Sie uns schreiben.

Senden Sie Ihre Post an die
MARCO POLO Redaktion
MAIRDUMONT, Postfach 31 51
73751 Ostfildern
info@marcopolo.de

IMPRESSUM

Titelbild (von li. nach re.): Getty/B. Sporrer, Getty/J. Stumpe, Denis Pernath, Stockfood/Peer Wörmann
Fotos: Katrin Heß (1 unten); JS/fotolia (8); Martina Sörensen (19, 21); Silke Tokarski (24, 32); Katrin Heß (39); Felix Müller / Kilimanschanzo e.V. (43); Silke Tokarski (47, 55); Sven Krieger (51, 57, 62, 67); Katrin Heß (73, 76); Secondella (Fr. Griebel) (81); Silke Tokarski (84, 90, 96); Katrin Heß (102, 109); Silke Tokarski (113); Katrin Heß (116, 122), Silke Tokarski (162)

3. aktualisierte Auflage 2013

Konzept / Chefredaktion: Michaela Lienemann
Autoren: Christian Calmano, Dorothea Heintze, Manu Schmickler, Martina Sörensen, Julia Sorge, Katrin Wienefeld, Christiane Würtenberger, Mara Zwicker; Fotos: Katrin Heß, Sven Krieger, Silke Tokarski
Gesamtredaktionelle Betreuung: Redaktionsbüro Negwer, Thomas Zwicker, Julia Sorge, Christian Calmano, Julia Haude
Projektbetreuung: Ann-Katrin Kutzner
Kartografie Cityatlas: © MAIRDUMONT, Ostfildern
Innengestaltung / Icons: Katharina Kracker; Titel: fpm factor product münchen

Printed in Germany. Gedruckt auf 100% chlorfrei gebleichtem Papier

Bild: Hamburgs gute Stube – die Alsterarkarden

48 h

> Ein Wochenende Spaß haben und dabei jede Menge sparen: Wir haben zwei tolle Tage mit Angeboten aus diesem Band für Sie geplant – und normal teure Alternativen gegenübergestellt

SA Mit einem 9-Uhr-Tagesticket für Bus, Bahn und Fähre *(S. 10)* geht's in die **Speicherstadt** *(S. 15)* mit ihren alten Lagerhäusern. Dort sind Sie Schmugglern auf der Spur im **Deutschen Zollmuseum** *(S. 25)*. Knurrt der Magen? Kosten Sie die leckere Bratwurst mit Majoran in der **Oberhafenkantine** *(S. 61)*! Zu Fuß schlendern Sie dann in die HafenCity: Ihre futuristischen Gebäude sieht man vom **View Point** *(S. 15)* aus der Vogelperspektive. Weil eine Hafenrundfahrt in Hamburg nicht fehlen darf, entern Sie am Anleger Sandtorhöft mit dem Tagesticket eine **HADAG-Fähre** und schippern bis **Dockland** *(S. 38)*. Der Ausblick vom Bürohaus über den Hafen ist herrlich! Mit der Fähre geht es anschließend zum Museumshafen **Övelgönne** *(S. 15)* und von dort auf ein Alsterwasser zum Kult-Kiosk **Strandperle** *(S. 41)*. Abends nichts wie hin auf die **Reeperbahn** *(S. 15)*! Naschen Sie zwei kleine Dim Sums im **Man Wah** *(S. 60)* und tauchen dann ins Nachtleben ein. Wer fit genug ist, besucht die **Schmidt-Mitternachtsshow** *(S. 34)* und fällt danach in sein Bett im Hostel **Superbude** *(S. 108)*.

SO Heute ist zeitig aufstehen angesagt, denn es ist **Fischmarkt** *(S. 74)*; ein maritimes Frühstück gibt's dort gut und günstig. Zu Fuß geht es weiter bis zur **Michaeliskirche** *(S. 14)*, hier genießen Sie bei der Mittagsandacht die **Orgelmusik** *(S. 29)* und fahren dann mit S- oder U-Bahn ins angesagte Schanzenviertel. Nach einem Falafel im **Grill of Arabia** *(S. 58)* werden Sie aktiv: Klettern am **Schanzenbunker** *(S. 42)* ist sonntags kostenfrei! Das Treiben an der **Schanzen-Piazza** *(S. 41)* lässt sich nachmittags am besten bei einem portugiesischen Milchkaffee beobachten. In der **Hatari Pfälzer Stube** *(S. 59)* essen Sie deftig zu Abend, dann lassen Sie den Tag bei einem Wasserlichtkonzert im Park **Planten un Blomen** *(S. 30)* mit Musik ausklingen.

LOW BUDGET WEEKEND

SA

LOW BUDGET		REGULÄR	
9-Uhr-Tagesticket HVV	5,60 €	6 Einzelfahrten HVV	11,45 €
View Point HafenCity	0,00 €	Aussicht vom Ballon Highflyer	15,00 €
Zollmuseum	2,00 €	Maritimes Museum	12,00 €
Bratwurst mit Majoran in der Oberhafenkantine	3,50 €	Currywurst mit Pommes im Restaurant	7,50 €
Fährfahrt Hafen	0,00 €	Hafenrundfahrt	15,00 €
Aussichtsterrasse Dockland	0,00 €	Aussichtsturm Michel	4,00 €
Alsterwasser Strandperle	1,60 €	Alsterwasser im Restaurant	2,80 €
Dim Sums essen im Man Wha	6,60 €	Chinesisch im Restaurant	9,50 €
Schmidts Mitternachtsshow	14,00 €	Quatsch Comedy Club	27,00 €
Bett Superbude	16,00 €	EZ im 3-Sterne-Hotel	70,00 €

SO

LOW BUDGET		REGULÄR	
Tagesticket HVV	6,95 €	4 Einzelfahrten HVV	11,80 €
Frühstück Fischmarkt	5,00 €	Frühstück im Café	8,10 €
Orgelmusik im Michel	0,00 €	Abendkonzert im Michel	8,00 €
Falafel im Grill of Arabia	3,80 €	Lunch im Restaurant	6,50 €
Klettern am Schanzenbunker	0,00 €	Eintritt Kletterzentrum	14,50 €
Milchkaffee an der Schanzenpiazza	1,70 €	Milchkaffee im Café an der Alster	2,80 €
Flammkuchen Hatari Stube	7,50 €	Pizza im Restaurant	10,00 €
Wasserlichtkonzert Planten un Blomen	0,00 €	Freiluftkonzert auf der Stadtparkbühne	24,90 €
GESAMT	**74,25€**	**GESAMT**	**260,85€**

> GESPART 186,60€

48 h

> Zwei Tage Luxus genießen und trotzdem nicht zu viel bezahlen Wir haben Tipps für ein Verwöhn-Wochenende aus Angeboten in sem Band zusammengestellt und vergleichen mit üblichen Preise

SA Nach dem Einchecken im **Privathotel Lindtner** *(S. 112)* fahren Sie mit dem 9-Uhr-Ticket zum Eppendorfer Baum – dort können Sie hübsche Jugendstilhäuser bewundern und nach Herzenslust shoppen. Halten Sie zum Beispiel Ausschau nach Designer-Schnäppchen im Second-Hand-Laden **D'or** *(S. 80)*. Sie hätten gern ein maritimes Souvenir? Auf zu **Buddel-Bini** *(S. 75)*, hier gibt es die gibt es die besten Buddelschiffe. Mit Bahn und Bus geht's anschließend in die HafenCity, wo Sie sich einen 3-Gänge-Lunch bei **Ciao Mamma** *(S. 58)* gönnen. Tauchen Sie in die Geschichte der Stadt ein: das **Hamburgmuseum** *(S. 27)* ist wirklich sehenswert – eine Führung durch die Ausstellung gibt's am Wochenende gratis dazu. Am späten Nachmittag ist Wellness angesagt: In ihrem 5-Sterne-Hotel wartet der Spa mit Sauna und Dampfbad. Abends essen Sie chinesisch im **Man Wah** *(S. 60)* und schlürfen einen Cocktail im **Kyti Voo** *(S. 85)*, bevor Sie ganz gediegen eine **Oper** *(S. 34)* besuchen – und mit der letzten Arie im Ohr ins weiche 5-Sterne-Bett sinken.

SO 9-Uhr-Tagesticket kaufen und ab geht's zum Brunch ins **L'Orient** *(S. 60)*. Danach ist Zeit für einen Spaziergang: Ausgestattet mit dem **Audioguide** der Kulturbehörde *(S. 26)* erkunden Sie die Freiluftskulpturen rund um die **Alster** *(S. 14)*. Kleine Pause? An der **Alsterperle** *(S. 40)* heißt es sehen und gesehen werden, am besten mit einem Glas Prosecco. Dann gibt's auch schon einen gediegenen 3-Gänge-Lunch im Restaurant **Fillet of Soul** an den Deichtorhallen *(S. 66)*. Vom Turm der **Nikolaikirche** *(S. 40)* in der Altstadt blicken Sie später über die Dächer der Stadt. Zum Abendessen bringt Sie die Bahn dann ins Schanzenviertel: im **Bullerei-Deli** *(S. 66)* von TV-Koch Tim Mälzer tafeln Sie gut in rustikalem Ambiente.

LOW BUDGET
LUXUS WEEKEND

	LOW BUDGET		REGULÄR
SA			
9-Uhr-Tagesticket HVV	5,60 €	10 Einzelfahrten HVV	23,15 €
Buddelschiff bei Buddel-Bini	4,50 €	Buddelschiff am Hafen	10,00 €
3-Gänge-Lunch Ciao Mamma	14,90 €	3-Gänge-Lunch im Parlament	25,30 €
Hamburgmuseum/Führung	8,00 €	Maritimes Museum/Führung	12,00 €
Spa im Hotel	0,00 €	Tageskarte Meridian Spa	30,00 €
Zwei Dim Sum im Man Wah	7,90 €	Curry im Manee Thai	15,50 €
Happy Hour-Cocktail Kyti Voo	5,50 €	Cocktail in Bar an der Alster	9,00 €
Staatsoper Stehplatz	4,00 €	Staatsoper Parkett	46,00 €
Superior-EZ im 5-Sterne-Hotel Lindtner am Wochenende	102,00 €	Superior-EZ im 5-Sterne-Hotel Lindtner in der Woche	142,00 €
SO			
9-Uhr-Tagesticket HVV	5,60 €	6 Einzelfahrten HVV	12,20 €
Brunch L'Orient	7,90 €	Frühstück Hotel Lindtner	20,00 €
Open-Air-Kunst mit Audioguide	0,00 €	Skulpturen-Ausstellung Ernst-Barlach-Haus	6,00 €
Glas Prosecco Alsterperle	3,80 €	Glas Weißwein im Ristorante	5,00 €
3-Gänge-Lunch im Restaurant Fillet of Soul	18,00 €	3-Gänge-Lunch im Restaurant Jacobs	82,00 €
Nikolaikirchturm und Ausstellung	3,70 €	Aussichtsturm Michel und Eintritt Ausstellung	6,00 €
Abendessen im Bullerei-Deli	10,00 €	Abendessen Bullerei-Restaurant	30,00 €
GESAMT	**201,40 €**	**GESAMT**	**474,15 €**

> GESPART 272,75 €

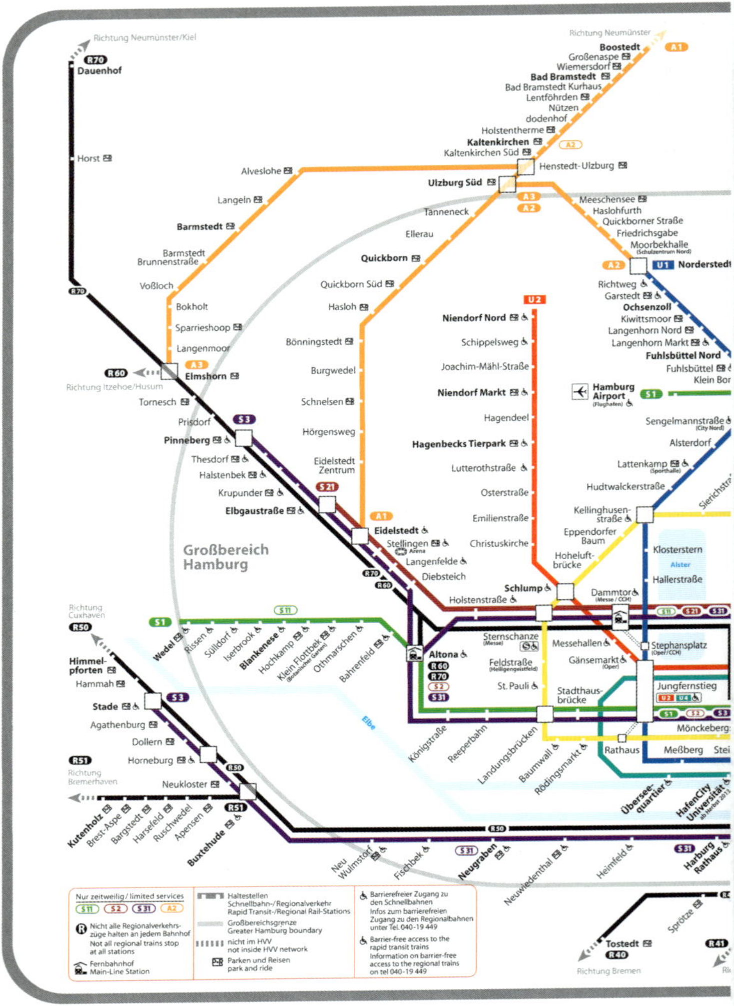

Richtung Neumünster/Kiel
R70
Dauenhof
Horst
R70
R60
Richtung Itzehoe/Husum
Richtung Neumünster
Boostedt
A1
Großenaspe
Wiemersdorf
Bad Bramstedt
Bad Bramstedt Kurhaus
Lentföhrden
Nützen
dodenhof
Holstentherme
Kaltenkirchen
A2
Kaltenkirchen Süd
Henstedt-Ulzburg
Alveslohe
Ulzburg Süd
Langeln
A3
A2
Meeschensee
Haslohfurth
Quickborner Straße
Friedrichsgabe
Moorbekhalle
(Schulzentrum Nord)
Barmstedt
Tanneneck
Ellerau
Barmstedt Brunnenstraße
Quickborn
A2
U1
Norderstedt
Voßloch
Quickborn Süd
Richtweg
Garstedt
Ochsenzoll
Kiwittsmoor
Langenhorn Nord
Langenhorn Markt
Fuhlsbüttel Nord
Fuhlsbüttel
Klein Bor
Bokholt
Hasloh
U2
Niendorf Nord
Sparrieshoop
Bönningstedt
Schippelsweg
Langenmoor
Burgwedel
Joachim-Mähl-Straße
A3
Elmshorn
Niendorf Markt
Hamburg Airport
(Flughafen)
S1
Tornesch
Schnelsen
Hagendeel
S3
Prisdorf
Hörgensweg
Sengelmannstraße
(City Nord)
Pinneberg
Hagenbecks Tierpark
Alsterdorf
Thesdorf
Eidelstedt Zentrum
Lattenkamp
(Sporthalle)
Halstenbek
Lutterothstraße
S21
Hudtwalckerstraße
Krupunder
Osterstraße
Sierichstra
Elbgaustraße
A1
Kellinghusenstraße
Eidelstedt
Emilienstraße
Eppendorfer Baum
Stellingen
Arena
Christuskirche
Klosterstern
Großbereich Hamburg
Langenfelde
Hoheluftbrücke
Alster
Diebsteich
Hallerstraße
R70
R60
Schlump
Dammtor
(Messe / CCH)
Holstenstraße
Richtung Cuxhaven
S11
S11
S21
S31
R50
S1
Sternschanze
(Messe)
Wedel
Rissen
Sülldorf
Iserbrook
Blankenese
Hochkamp
Klein Flottbek
(Botanischer Garten)
Othmarschen
Bahrenfeld
Altona
Messehallen
Stephansplatz
(Oper/CCH)
Himmelpforten
R60
Feldstraße
(Heiligengeistfeld)
Gänsemarkt
(Oper)
R70
Hammah
S2
St. Pauli
Stadthausbrücke
Jungfernstieg
S31
U2
U4
Stade
S3
Elbe
S1
S2
S3
Agathenburg
Mönckeberg
Dollern
Königstraße
Reeperbahn
Landungsbrücken
Baumwall
Rödingsmarkt
Rathaus
Meßberg
Stei
R51
Horneburg
R50
Richtung Bremerhaven
Neukloster
Überseequartier
HafenCity Universität
ab Herbst 2013
R51
Kutenholz
Brest-Aspe
Bargstedt
Harsefeld
Ruschwedel
Apensen
Buxtehude
R50
Neu Wulmstorf
Fischbek
S31
Neugraben
Neuwiedenthal
Heimfeld
S31
Harburg Rathaus
Nur zeitweilig / limited services
S11
S2
S31
A2
Nicht alle Regionalverkehrszüge halten an jedem Bahnhof
Not all regional trains stop at all stations
Fernbahnhof
Main-Line Station
Haltestellen Schnellbahn-/Regionalverkehr
Rapid Transit-/Regional Rail-Stations
Großbereichsgrenze
Greater Hamburg boundary
nicht im HVV
not inside HVV network
Parken und Reisen
park and ride
Barrierefreier Zugang zu den Schnellbahnen
Infos zum barrierefreien Zugang zu den Regionalbahnen unter Tel. 040-19 449
Barrier-free access to the rapid transit trains
Information on barrier-free access to the regional trains on tel 040-19 449
Sprötze
Tostedt
R40
R41
Richtung Bremen